Versorgungsstrukturen im Umbruch

Speyerer Schriften zu Gesundheitspolitik und Gesundheitsrecht

Herausgegeben von Rainer Pitschas

Band 8

Herausgeber:	In Verbindung mit
Univ.-Prof. Dr. Dr. h.c. Rainer Pitschas	**Raimund Nossek**
Deutsche Hochschule für Verwaltungswissenschaften Speyer	Vorstand des BKK- Mitte
	Helmut Heinz
Freiherr-vom-Stein-Str. 2 67346 Speyer	Stellvertr. Hauptgeschäftsführer der Landwirtschaftlichen
Telefon: + 49 (0) 6232/654-345 E-Mail: rpitschas@dhv-speyer.de	Sozialversicherung Hessen, Rheinland-Pfalz und Saarland

PETER LANG
Frankfurt am Main · Berlin · Bern · Bruxelles · New York · Oxford · Wien

Rainer Pitschas (Hrsg.)

Versorgungsstrukturen im Umbruch

Die Gesundheitsversorgung zwischen
Länderinteressen und finanziellen Zwängen

PETER LANG
Internationaler Verlag der Wissenschaften

Bibliografische Information der Deutschen Nationalbibliothek
Die Deutsche Nationalbibliothek verzeichnet diese Publikation
in der Deutschen Nationalbibliografie; detaillierte bibliografische
Daten sind im Internet über http://dnb.d-nb.de abrufbar.

Umschlaggestaltung:
© Olaf Gloeckler, Atelier Platen, Friedberg

Eine Zusammenarbeit der Deutschen Hochschule
für Verwaltungswissenschaften Speyer
mit der Arbeitsgemeinschaft

Gedruckt auf alterungsbeständigem,
säurefreiem Papier.

ISSN 1863-253X
ISBN 978-3-631-62204-9
© Peter Lang GmbH
Internationaler Verlag der Wissenschaften
Frankfurt am Main 2012
Alle Rechte vorbehalten.

Das Werk einschließlich aller seiner Teile ist urheberrechtlich
geschützt. Jede Verwertung außerhalb der engen Grenzen des
Urheberrechtsgesetzes ist ohne Zustimmung des Verlages
unzulässig und strafbar. Das gilt insbesondere für
Vervielfältigungen, Übersetzungen, Mikroverfilmungen und die
Einspeicherung und Verarbeitung in elektronischen Systemen.

www.peterlang.de

Inhaltsverzeichnis

Vorwort 7

Einführung 9
Roland Brendel, Hannover

Stärkung der Länderkompetenzen im Gesundheitswesen – Forderungen 13
der GMK zur Gestaltung der medizinischen Versorgung
Georg Weisweiler, Saarbrücken

Länderinitiative zur Sicherstellung der ambulanten ärztlichen Versorgung 21
Andrea Fischer, Dresden

Auswirkungen des GKV-Finanzierungsgesetzes auf die Sicherstellung der 27
ärztlichen Versorgung. Die Position der Vertragsärzte
Carl-Heinz Müller, Berlin

Auswirkungen des GKV-Finanzierungsgesetzes auf die Sicherstellung der 35
ärztlichen Versorgung. Die Position der Krankenhäuser
Georg Baum, Berlin

Auswirkungen des GKV-Finanzierungsgesetzes auf die Sicherstellung der 43
ärztlichen Versorgung. Die Position der Krankenkrassen
Manfred Partsch, Berlin

Flexibilisierung der Bedarfsplanung und die Konsequenzen für eine inte- 55
grative Versorgung
Frank Stollmann, Düsseldorf

Sektorenübergreifende Bedarfsplanung – Chance oder Risiko für die am- 69
bulante Versorgung
Gunter Hauptmann, Saarbrücken

Umbruch der Versorgungsstrukturen im Gesundheitswesen und Grundge- 79
setz
Rainer Pitschas, Speyer

Verzeichnis der Autoren 103

Publikationsverzeichnis der Speyerer Gesundheitstage und der Speyerer 105
Schriften zu Gesundheitspolitik und Gesundheitsrecht

Vorwort

Die Weiterentwicklung der vertragsärztlichen Versorgung zugunsten eines flächendeckenden und sektorenübergreifenden medizinischen Angebots zählt zu den gesundheitspolitisch vordringlichen Aufgaben in dieser Legislaturperiode. In dem ihr zugrundeliegenden Ziel, auch zukünftig die wohnortnahe Gesundheitsversorgung sicherzustellen, sind sich alle Akteure einig. Doch bestehen unterschiedliche Auffassungen über den Weg zur Verwirklichung dieses Ziels.

Einige Vorentscheidungen enthält bereits das zu Beginn des Jahres 2011 in Kraft getretene GKV-Finanzierungsgesetz (GKV-FinG). Zentrale Festlegungen wird jedoch das im Bundeskabinett verabschiedete „Versorgungsstrukturgesetz" treffen. Ob jedoch tatsächlich die darin enthaltenen Festlegungen eine Fortentwicklung der GKV-Strukturen – auch unter Wettbewerbsgesichtspunkten – bewirken werden, ist innerhalb der Fachöffentlichkeit umstritten. Die Rede ist von einem „Ärztevergütungsgesetz". Die 13. Speyerer Gesundheitstage, die am 24./25. März 2011 stattfanden, haben diese Diskussion aufgegriffen und sie in einen Zusammenhang mit der eigenständigen Forderung der Gesundheitsministerkonferenz nach einer direkten Beteiligung der Bundesländer an der ambulanten Versorgungssteuerung und sektorübergreifenden Organisation künftiger Gesundheitsversorgung gerückt. Eigene Reformoptionen vertreten sowohl die Ärzteschaft als auch die Krankenhäuser und ferner die Krankenkassen. Selbst der Gemeinsame Bundesausschuss meldet sich zu Wort. Damit befinden sich die „Versorgungsstrukturen im Umbruch".

Die hier im folgenden abgedruckten Beiträge stellen die Grundlagen und Konsequenzen des gesetzgeberischen Eingreifens aus Sicht der Gesundheitsministerkonferenz, der Vertragsärzte und Krankenhäuser sowie aus Sicht der Krankenkassen dar. Die Position der Bundesregierung wurde vom Bundesgesundheitsminister *D. Bahr* vertreten, der zur jener Zeit noch als Parlamentarischer Staatssekretär im Bundesministerium für Gesundheit tätig war. Verständlicherweise musste auf seinen Beitrag aus Gründen der seinerseits umfassenden Arbeitsbelastung verzichtet werden.

Der Herausgeber, dem neben einem eigenen Vortrag auch die Vorbereitung und die Moderation der Gesundheitstage oblag, dankt den Verantwortlichen der BKK-LKK Arbeitsgemeinschaft wiederum für die umfassende Unterstützung und finanzielle Förderung der Tagung sowie der Drucklegung dieses Bandes sehr herzlich. Für die Unterstützung bei der Gestaltung der Tagung und bei ihrer Durchführung sei meiner früheren Assistentin, Frau Dr. iur. *Katrin Schoppa* ebenso wie meinem jetzigen Wissenschaftlichen Mitarbeiter, Herrn Mag. rer.

publ. *Florian Schunk*, M. A., und meiner jetzigen Sekretärin, *Siegrid Piork* herzlich gedankt.

Speyer, im August 2011   Rainer Pitschas

Einführung

Von Roland Brendel[*]

Sehr geehrte Damen und Herren,

herzlich willkommen in Speyer und an der Deutschen Hochschule für Verwaltungswissenschaften und herzlich willkommen im „Reformjahr 2011", willkommen im „Jahr des Patienten".

Die schwarz-gelbe Bundesregierung hat für das laufende Jahr ein wahrlich ambitioniertes Programm für die Gesundheitspolitik ausgerufen: das Krankenhaushygiene-Gesetz mit vielen kleinen „Bonbons" für die Krankenversicherung, das Patientenrechte-Gesetz, eine neue Präventionsstrategie. Nicht zu vergessen die Pflegereform und das Versorgungsgesetz. Alles Vorhaben, die den Patienten und seine Interessen in den Mittelpunkt stellen sollen. Zu Recht, wie ich meine. Denn – das möchte ich voraus schicken – das Recht und das Grundbedürfnis der Versicherten auf eine qualitativ hochwertige Versorgung dürfen wir nicht aus den Augen verlieren. In der – für den Patienten – oft abstrakten gesundheitspolitischen Diskussion gerät uns das leider manchmal aus dem Blick.

Der Weiterentwicklung der Versorgungsstrukturen möchten wir uns heute und morgen widmen. Die Diskussion um ein Versorgungsgesetz, meine Damen und Herren, steht schon eine ganze Weile im Raum. Ich erinnere mich gut: Vor einem Jahr hatten wir hier in Speyer den Themenkreis um Sicherstellung und Bedarfsplanung bereits angerissen.

Während das Gesundheitsministerium noch um Antworten auf die Frage suchte „Wie schließen wir das 11 Milliarden-Defizit der GKV?", gingen die Bundesländer bereits in Vorlage zu einem Gesetz. Die Gesundheitsministerkonferenz machte sich daran, konkrete Positionen zu erarbeiten, wie die Planung der ärztlichen Versorgung aus ihrer Sicht künftig auszusehen hat. Mittlerweile hat die Diskussion an Dynamik gewonnen und die Verhandlungen haben Fahrt aufgenommen.

Das Gesundheitsministerium hat zwischenzeitlich ebenso wie die Unionsfraktion Stellung bezogen. Auch haben andere Akteure des Gesundheitssystems – KBV, Deutsche Krankenhausgesellschaft und GKV-Spitzenverband – mögliche Neuregelungen für die medizinische Versorgung entwickelt.

Um gemeinsame Nenner auszuloten, wurde zusätzlich eine Bund-Länder-Arbeitsgruppe aktiviert. Sie kennen gewiss den weiteren Fahrplan: Kommende Woche tagen die Amtschefs der Länderministerien. Und Anfang April, so die

---

[*] Die Vortragsform wurde beibehalten. Es gilt das gesprochene Wort.

Planungen, kommen die Ressortchefs zusammen. Eckpunkte zu einem Gesetz sollen Ostern vorliegen.

Wir sind also „mitten drin" im dritten großen Gesetzgebungsverfahren unter Minister Rösler. Und uns liegt ein Konglomerat an Reformvorschlägen vor. Ich möchte den Referenten nicht vorgreifen und verzichte daher auf Details an dieser Stelle. Aber es zeigt sich: Die Vorschläge weisen eine recht große Schnittmenge auf, bergen aber auch erhebliches Konfliktpotenzial. Eine Kompromisslinie insbesondere zwischen Bund und Ländern zeichnet sich nur undeutlich ab. Mit Forderungen nach mehr Mitspracherecht in der Bedarfsplanung, im Gemeinsamen Bundesausschuss oder beim Vertragsgeschehen rennen die Länder keine offenen BMG-Türen ein.

Ich freue mich daher umso mehr, dass wir Herrn Minister Weisweiler und Frau Staatssekretärin Fischer als Referenten gewinnen konnten. Sicher werden Sie beide die Vorstellungen der Länder konkretisieren. Und natürlich hoffe ich, aus erster Hand Neues aus den Verhandlungskreisen zu erfahren. Seien Sie uns in Speyer ganz herzlich willkommen! Ebenso begrüße ich die übrigen Referenten – Herrn Dr. Müller, Herrn Baum, Herrn Dr. Partsch, Herrn Dr. Stollmann und Herrn Dr. Hauptmann –, die bereits unter uns sind und natürlich Sie, meine Damen und Herren. Vielen Dank, dass Sie alle den Weg in die Vorderpfalz gefunden haben.

Lassen Sie mich jedoch auch festhalten: Unter allen Akteuren des Gesundheitswesens herrscht ungewohnte Einigkeit. Einigkeit zum einen in den hohen Erwartungen an die Bundespolitik, nach der Konsolidierung der GKV-Finanzen nun strukturell nachhaltige Maßnahmen anzugehen.

Einigkeit zum anderen im Ansinnen, in die regionale Versorgungslandschaft zu investieren. Vergleiche ich die vorliegenden Reformpapiere, erkenne ich in Ansätzen eine gemeinsame Zielvorstellung, wieder mehr Versorgungsverantwortung in die Regionen zu geben. Alle Akteure eint der Gedanke, den nächsten Generationen eine wohnortnahe und flächendeckende medizinische Betreuung zu erhalten.

Die Diskussion um das Gesetz, meine Damen und Herren, rankt vor allem um die Frage der „richtigen" Anzahl von Ärzten. Seit Jahren streiten die Akteure: Ärztemangel – ja oder nein? In den letzten Wochen – Sie haben die Berichterstattung der Medien sicher verfolgt – ist die Debatte wieder voll entfacht.

Auch wenn derzeit – das zeigen die aktuellen Zahlen der Bedarfsplanung – nicht von einem allgemeinen Mangel die Rede sein kann, ist es allerdings notwendig, die Versorgungslandschaft langfristig im Blick zu haben.

Der Versorgungsatlas der Kassenärztlichen Vereinigung Rheinland-Pfalz, zum Beispiel, gibt hier erste Hinweise: In 2020, so die Prognose, droht vor allem bei der hausärztlichen Versorgung in infrastrukturell schwachen Regionen unseres Landes eine Unterversorgung.

Einem Verteilungsproblem, so wie es sich abzeichnet, müssen wir gegensteuern. Aber – das betone ich ausdrücklich – wir müssen mit einem ausgewogenen Maßnahmenpaket entgegensteuern.

Maßnahmen, die sektorenübergreifende, vernetzte Strukturen fördern

Maßnahmen, die den Nachwuchs fördern

und auch Maßnahmen, die eine gleichmäßige Verteilung der Ärzte fördern. Das heißt: Es müssen auch bestehende ärztliche Überkapazitäten berücksichtigt und ausgeglichen werden.

Wir müssen ein Gleichgewicht herstellen zwischen dem wachsenden Überangebot in Ballungszentren einerseits und potentiellen Mangelregionen andererseits. Ob finanzielle Anreize eine ländliche Region attraktiver für eine Niederlassung machen? Zumindest sind die Vorschläge bedenkenswert. Aber: Sie sind immer auch zu koppeln an Abschläge in überversorgten Regionen. Denn monetäre Zusagen allein sind keine geeigneten Antworten auf die Frage nach der „richtigen" Anzahl der Ärzte. Sie setzen keinerlei Anreize für nachhaltige strukturelle Veränderungen. Die Gesundheitsversorgung für die Versicherten muss auch bezahlbar bleiben.

Es reicht jedoch nicht aus, das Augenmerk ausschließlich auf die regionale Bedarfsplanung zu richten. Wollen wir auch in Zukunft eine personalisierte, am Patienten orientierte Versorgung gewährleisten, brauchen wir weitere vertragliche Freiräume,

die sich am medizinischen Bedarf der Versicherten in den Regionen ausrichten und

die es ermöglichen, Versorgung regional zu gestalten und weiterzuentwickeln.

Denn der Leistungs- und Qualitätswettbewerb der Krankenkassen, meine Damen und Herren, hat selbst unter den Bedingungen des Gesundheitsfonds nicht an Bedeutung verloren hat. Zwar sind Vertragsmodelle und -inhalte zunächst auf den Prüfstand gestellt worden. Doch die Kassen sehen sich weiterhin in einer Versorgungsverantwortung. Sie sind unverändert bestrebt, ihre Versicherten effektiv und hochwertig zu versorgen.

Erwähnen möchte ich hier den – wenn auch noch zaghaften – Vorstoß aus dem BMG, den Krankenkassen im Zuge des Versorgungsgesetzes mehr Gestaltungsspielräume zu geben. Erweiterte wettbewerbliche Handlungsmöglichkeiten, so die ersten Gedanken aus dem Ministerium, sollen für Satzungs- und Ermessungsleistungen gelten. Hierfür hat das BMG insbesondere Vorsorge- und Rehabilitationsleistungen, häusliche Krankenpflege sowie Heil- und Hilfsmittel oder Naturheilverfahren im Auge.

Wir brauchen mehr solcher Vorstöße. Konkrete Vorstöße, die den Krankenkassen mehr Vertragsfreiheiten einräumen statt sie durch gesetzlich auferlegte Zwänge – Stichwort „Hausarztzentrierte Versorgung" – einzuengen.

Am Beispiel der Integrierten Versorgung sehen wir, dass Vertragswettbewerb möglich ist. Hier gibt es innovative Versorgungsprojekte und -ansätze, die es gilt regional weiterzuentwickeln. Oder in den Vertragsbeziehungen zu den Krankenhäusern, und diese Forderung ist nicht neu, liegt viel Spielraum und erhebliches Potenzial.

Meine Damen und Herren, genug zur Einstimmung. Ich freue mich nun auf zwei interessante und spannende Tage. Als wissenschaftlicher Leiter und Hausherr wird Herr Prof. Pitschas auch in diesem Jahr durch die „Speyerer Gesundheitstage" führen. Gerne übergebe ich die Moderation nun in seine Hände.

Vielen Dank!

Stärkung der Länderkompetenzen im Gesundheitswesen – Forderungen der GMK zur Gestaltung der medizinischen Versorgung

Von Georg Weisweiler[*]

Guten Tag und guten Morgen auch von meiner Seite,

sehr geehrter Professor Pitschas, Herr Brendel, liebe Frau Fischer,

meine Damen, meine Herren,

ich bin das erste Mal an dieser bedeutenden Hochschule. Ich freue mich, dass ich heute hier sein kann. Leider bin ich aber nur heute da; ich habe morgen in Schwerin ähnliche Thematiken zu behandeln.

Das Thema Versorgungsgesetz und die Frage, wie wir künftig die Gesundheitsplanung strukturieren, beschäftigt in der Tat die Republik. Es ist für mich ein unendlich spannender Prozess mit einer guten Vorlaufzeit von einem Jahr. Ich bin seit November 2009 in der Verantwortung als Gesundheitsminister im Saarland – in der ersten Jamaika-Koalition im Übrigen auf Länderebene – und bin, das macht die Sache für mich zusätzlich ganz interessant, Spätberufener. Ich war bis Ende 2007 in der Wirtschaft. Ich bin gelernter Rechtsanwalt und Wirtschaftsprüfer mit vielen Jahren Erfahrung in der Automobilzuliefererindustrie. Ich komme also aus einem völlig anderen Gebiet.

Wenn man genau hinschaut, ähneln sich aber die Fragestellungen, die mich damals und heute im Rahmen der Erarbeitung des neuen Krankenhausplanes – ich schaue auf den einen oder anderen Akteur aus dem Saarland, mit dem ich dabei zu tun habe – beschäftigen. Wir arbeiten zurzeit an der Krankenhausplanung für 2011 bis 2015. Ein unendlich spannender und interessanter Prozess. Ich weiß nicht, wie die Situation in den anderen Bundesländern ist, aber im Saarland können wir aus dem Überfluss schöpfen und wir müssen schauen, dass wir unsere Strukturen insgesamt ein bisschen verschlanken. Genau da schließt sich der Kreis. Eine Blickweise – herkommend aus einem anderen Bereich – ist gar nicht so falsch und erleichtert häufig das Gespräch mit den Akteuren. Das ist zumindest meine Erfahrung. Ob die Erfahrung bei den Gesprächspartnern immer ähnlich positiv bewertet wird, wie ich es empfinde, sei mal dahingestellt. Bei den Gesprächen der Krankenhausplanung geht es natürlich auch um Strukturverbesserungen und Strukturänderungen. Ich habe das Thema Verbundstrukturen im Saarland auf die Tagesordnung gebracht. Wir müssen schauen, dass wir nicht nur jeweils die einzelnen Häuser optimieren. Optimieren kann ich eine Kran-

---

[*] Die Vortragsform wurde beibehalten. Es gilt das gesprochene Wort.

kenhauslandschaft und eine Versorgungslandschaft insgesamt nur durch die Bildung von ordentlichen Verbünden und durch die Zusammenarbeit zwischen den verschiedenen Akteuren.

Und genau das wird ja auch eine der Themenstellungen sein, mit denen wir uns heute beschäftigen. Mein Thema heißt: „Stärkung der Länderkompetenzen im Gesundheitswesen – Forderungen der GMK zur Gestaltung der medizinischen Versorgung." Frau Staatssekretärin Fischer und ich hatten besprochen, dass wir unsere beiden Vorträge aufeinander folgen lassen und die Diskussion über beide Vorträge erfolgt. Ich bin gespannt, wie unterschiedlich wir die Positionen von Sachsen und dem Saarland darstellen.

Unterschiedlich sind zurzeit noch die Positionen, das sage ich ganz deutlich, zwischen der Bundesebene und den Ländern. Da haben wir noch kein Einvernehmen. Ich hatte vor ein paar Tagen Gelegenheit in einem Gespräch mit Herrn Dr. Rösler auch über dieses Thema zu reden. Ich komme nachher noch einmal auf die Bedenken und die unterschiedlichen Ansätze zurück, die Herrn Rösler bei seinen Vorstellungen, wie Gesundheitsversorgung in den Ländern auszusehen hat, bewegen. Nach der gut einjährigen Arbeit in meiner neuen Verantwortung bin ich zu dem Ergebnis gekommen – und das als klare Positionierung an den Anfang gestellt –, die Organisation der Gesundheitsversorgung hat mehr föderale Aspekte und ist notwendiger in den Ländern anzusetzen als wir es uns teilweise im Rahmen der Schulpolitik erlauben. In der Schulpolitik wünsche ich mir öfter eine Reihe von zusätzlichen Abstimmungen auf Bundesebene, weil ich überhaupt nicht verstehe, wie man dies derart unterschiedlich von Land A zu Land B organisieren kann. Aber wie die Gesundheitsversorgung in einer Region auszusehen hat, bin ich felsenfest der Überzeugung, das kann primär nur von regionaler Ebene, von Länderebene aus entschieden werden – natürlich nach den Regeln, die man auch mit der Bundesebene abstimmt.

Zu den Zielen der Gesundheitsversorgung: Da haben wir, glaube ich, alle die grundsätzlich gleiche Meinungsbildung. Wir brauchen eine bedarfsgerechte, qualitätsgesicherte, wirtschaftliche Versorgung, natürlich unter Beteiligung aller medizinischen Versorgungsebenen und in zumutbarer Entfernung. Ich habe in meinem guten Jahr Verantwortung im Saarland auch gelernt, es wird unterschiedlich definiert, was wohnortnah bedeutet. Der eine oder andere Saarländer mag sich unwohl fühlen, wenn er nicht das Krankenhaus von der Haustür aus, in der Zwischenzeit sagt man vom Balkon aus, sehen kann. Wenn man in die neuen Bundesländer schaut, meine Damen, meine Herren, muss man 50, 60 oder 70 Kilometer reisen, bis man das nächste Krankenhaus findet. Die „zumutbare Entfernung" ist ein Aspekt, der diskutiert werden kann und bei dem wir vielleicht auch alle einen Erziehungsprozess brauchen. Und natürlich muss die Gesundheitsversorgung die medizinische Wissenschaft und Technik berücksichtigen. Wir alle wollen die bestmögliche Versorgung der Patientinnen und Patienten. Das ist sicherlich ein Ziel, bei dem wir uns gar nicht unterscheiden – Bund, Länder, die verschiedenen Spieler im Gesundheitswesen.

Wie sieht die aktuelle Bedarfsplanung aus, meine Damen, meine Herren? Wir haben die unterschiedlichen Leistungssektoren. In dem ambulanten vertragsärztlichen Bereich findet die Bedarfsplanung durch die Kassenärztliche Vereinigung und die Krankenkassen statt. Das Land hat heute grundsätzlich kein Mitentscheidungsrecht; natürlich unterhält man sich und steht auch in einem regen Gedankenaustausch mit KV und Ärzteschaft. Aber bei der Entscheidung, wie der ambulante Versorgungsbereich organisiert wird, gibt es kein Mitentscheidungsrecht des Landes. Der akutstationäre Bereich, meine Damen und Herren, liegt in der Alleinverantwortung des Landes und es findet die gesetzlich verankerte Anhörung der Träger und anderer Akteure statt mit dem Ziel einer einvernehmlichen Regelung. Aber es beißt keine Maus den Faden ab: Die Verantwortung in diesem Bereich liegt beim Land, das ist in allen Bundesländern ähnlich. Wir unterscheiden uns insofern, dass etwa 60 Prozent der Länder eine Detailplanung machen, so zurzeit auch noch die gesetzliche Vorgabe im Saarland. Ewa 40 Prozent der Länder sind bereits übergegangen zu einer Rahmenplanung. Ich habe bei den Gesprächen im Saarland angekündigt, dass wir in der aktuellen Legislaturperiode, die bis 2014 geht, auf eine Rahmenplanung umsteigen können, vorausgesetzt wir kommen von den vielen kleinen Spielern zu mehr Verbünden. Die Krankenhausverbünde könnten im Rahmen einer ordentlichen Vorgabe durch das Land die Detailplanung übernehmen. Aber die Bedarfsplanung innerhalb der jeweiligen Leistungsbereiche, meine Damen, meine Herren, geschieht nach jeweils eigenen Regeln mit unterschiedlichen Akteuren, Zielsetzungen und auch Prioritäten. Ich frage mich: Ist es richtig, dass die gesundheitliche Versorgung nach so unterschiedlichen Gesetzmäßigkeiten, nach so unterschiedlichen Planlogiken erfolgt? Müssen nicht die unterschiedlichen Einzelinteressen und Akteure zusammengeführt werden unter einer Letztverantwortung der Länder für die gesundheitliche Daseinsvorsorge?

Im Übrigen noch eine Anmerkung in dem Zusammenhang: Dies war schon im November 2009 für mich verwunderlich. Ich bin in der Jamaika-Koalition einer von zwei FDP-Ministern. Eine meiner Hauptaufgaben ist die Krankenhausplanung, eine 5-Jahresplanung in einem Bereich der Gesundheitsversorgung. Ich war bis dato davon ausgegangen, dass die Planwirtschaft bis 1990 diesseits und jenseits des Eisernen Vorhangs abgeschafft wurde und musste mich nun damit beschäftigen. Planung hat im Gesundheitsbereich, meine Damen, meine Herren, in der Tat noch einen anderen Stellenwert. Ich vergleiche das dann immer etwas flapsig: Ich komme ursprünglich aus Norddeutschland. Die öffentliche Hand ist dafür zuständig, dass auch auf der Hallig die Briefzustellung funktioniert. Sie muss sich das dann auch etwas kosten lassen. Bei der Gesundheitsversorgung ist es natürlich ebenso, dass das Anrecht eines Menschen, der in einer nichtstädtischen Gegend wohnt, berücksichtigt werden muss. Planung in einem gesunden Maße ist sicherlich im Gesundheitsbereich, dort wo wir mit gesundheitlicher Daseinsvorsorge zu tun haben, notwendig. In der Zwischenzeit betrachte ich

Planung sogar als Instrument, um die eine oder andere Veränderung durchzuführen.

Die sektorenübergreifende Versorgungsplanung haben wir richtigerweise am 01.07.2010 in der Gesundheitsministerkonferenz gefordert. In jedem Land soll ein Gemeinsamer Landesausschuss geschaffen werden, bestehend aus der Kassenärztlichen Vereinigung, den Krankenhäusern, den Landesverbänden der Krankenkassen und dem Land, meine Damen, meine Herren. Diese vier Bänke diskutieren und entscheiden gemeinsam eine einheitliche Planung der im Land vorzuhaltenden Gesundheitseinrichtungen – der Arztpraxen, der Krankenhäuser, der Notfallambulanzen. Wir hatten im Rahmen der Krankenhausplanung zwei Runde Tische zum Thema Notfall, Schlaganfall und Kardiologische Versorgung im Lande unter Beteiligung der verschiedenen Spieler und Verantwortlichen. Wir wollten noch einmal deutlich machen, dass das kleine Saarland dahingehend ausreichend versorgt ist. Auch hier habe ich festgestellt: Offensichtlich kann ein Land nicht ausreichend genug versorgt sein. Es gibt immer Spieler, die auch noch mitspielen wollen, obwohl eine Versorgung schon ordentlich vorhanden ist. Man muss dann ein bisschen stur bleiben. In den letzten Wochen bevor wir den Krankenhausplan schließen, wird es besonders heftig. Es kommt Krankenhaus A mit dem ehemaligen Minister B und das Krankenhaus C hat den Bürgermeister D organisiert. Es ist erstaunlich, wie politisch sich plötzlich jeder berufen fühlt, mitzureden. Dann ist es ganz gut, wenn man eine gewisse innere Unabhängigkeit wahrt. Das hat mir auch Herr Rösler gesagt, als wir uns über die Mitwirkung der Länder bei der Gesundheitsversorgung unterhalten haben. Er meinte, die Länder machen das eigentlich nicht so, wie er es sich vorstellt. Ich weiß nicht, wo er seine Erfahrungen gesammelt hat. Er war ja vorher in Niedersachsen politisch tätig. Aber ich nehme an, auch in Niedersachsen arbeitet ein sehr ordentlicher Kollege. Das bei solchen Fragestellungen natürlich der politische Druck besteht, meine Damen, meine Herren, das ist das eine. Aber ich kann doch nicht sagen, die Länderverantwortung wird deshalb nicht wahr genommen, weil es den einen oder anderen politischen Druck gibt. Es ist gerade eben notwendig, dass wir regional die richtigen Fragestellungen treffen. Genau deshalb halte ich die Verantwortung einer jeden Landesregierung bei diesem Prozess für zwingend erforderlich.

Meine Damen, meine Herren, die genannten vier Bänke diskutieren und entscheiden also gemeinsam. Die sektorenübergreifende Bedarfsplanung muss dabei einen Konfliktlösungsmechanismus vorsehen, der der Letztverantwortung der Länder – die beanspruche ich für die gesundheitliche Daseinsvorsorge – gerecht wird. Die Fortentwicklung der Kriterien der Bedarfsplanung soll natürlich, genau das machen wir auch in unserer Verantwortung bei der Fortschreibung der Krankenhauspläne, die Morbidität, die demographische Entwicklung und natürlich den realen lokalen Bedarf berücksichtigen. Mein Fazit: Die sektorenübergreifende Bedarfsplanung, meine Damen, meine Herren, ist notwendige

Voraussetzung für eine bestmögliche Versorgung der Patientinnen und Patienten.

Wie kann das in der Praxis aussehen? Wir haben im Grunde diese Ausgangssituation: Im Rahmen der ambulanten Versorgungsplanung – so der aktuelle Stand – gibt es den Landesausschuss der KV und der Kassen nach § 90 SGB V. Ihr steht die stationäre Versorgungsplanung mit der Krankenhauskonferenz nach den jeweiligen Landeskrankenhausgesetzen gegenüber. Wenn die Fragen in den jeweiligen Gremien behandelt sind, so die derzeitige Absicht, finden anschließend die politisch verbindlichen Abreden im übergeordneten Gemeinsamen Landesausschuss statt. Ich persönlich hätte mir vorstellen können, diese Bereiche noch näher zusammenzurücken und gleich den Gemeinsamen Landesausschuss mit den beiden Teilbereichen „ambulant" und „stationär" zu bilden. Dies ist aber, wie gesagt, zurzeit nicht der momentane Stand, sondern die beiden Gremien machen ihre jeweilige Arbeit, kommen dann aber zwingend im Gemeinsamen Landesausschuss zusammen.

Ich persönlich, meine Damen, meine Herren, sehe nicht die Gefahr – wie gerne heraufbeschworen – einer zusätzlichen Bürokratie. Wenn ich in den Gremien effizientes Arbeiten gewohnt bin und die Verantwortlichen bei der ambulanten und bei der stationären Versorgungsplanung ihre Aufgabe ernst nehmen, kann ich die Einwände meines wirklich geschätzten Kollegen Rösler gar nicht teilen, dass die Arbeitsweise der Länderebene nicht immer effektiv gewesen sein soll. Ich glaube, wir nehmen unsere Arbeit sehr ernst. Und ich muss sagen, es ist eine Aufgabenstellung, die über das politische Tagesgeschäft hinaus wichtig ist, weil es letztlich auch für die Standortbedingungen und für die Attraktivität eines Landes ganz wichtig ist, wie die gesundheitliche Versorgung vor Ort organisiert wird.

Meine Damen, meine Herren, in diesem Landesausschuss sitzen die vorhin schon angesprochenen vier Bänke – das sind die Kassen, die Krankenhäuser, die KV, das Gesundheitsministerium. Die Grundsätze, die wir gemeinsam verabredet haben und die ich persönlich auch mittrage: Keine Vormachtstellung einer Bank, das heißt auch nicht des Landes, grundsätzlich gleiches Stimmengewicht für alle vier Bänke und – das wäre meine Vorstellung – bei Stimmengleichheit gibt die Stimme des Landes den Ausschlag im Sinne der Letztverantwortung der Länder. Es gibt auch Überlegungen, dass es keine Entscheidung gegen ein Land geben darf. Da sage ich sehr trocken: Wenn das Land nicht in der Lage ist, eine der drei anderen Bänke für sich zu gewinnen, dann sind die Argumente wohl nicht stark genug. Dann sollte man sich nochmals zusammensetzen und eine der Bänke gewinnen, um damit auch seine Letztverantwortung ausüben zu können. Aber gegen drei Bänke anarbeiten heißt: Ich habe offensichtlich meine Aufgabe nicht ordentlich gemacht.

Es gibt im Gemeinsamen Landesausschuss weitere Beteiligte mit Beraterstatus: die Ärztekammer und die Patientenvertreter. Meine Damen, meine Herren, in diesem Punkt gibt es unterschiedliche Meinungen. Ich halte den Beraterstatus für die Kommunen für ausgesprochen wünschenswert, aber auch ausreichend. Ich habe einige Erfahrungen mit Kommunen im Jahre 2010 gemacht, alles durch die Bank honorige Frauen und Männer. Aber natürlich ist die Gefahr nicht ganz auszuschließen, dass man als kommunaler Vertreter aus seiner gewissen Kirchturmperspektive nicht heraus kann. Aber es geht eben nicht mehr anders. Das Saarland beispielsweise hat 52 selbstständige Kommunen und wir haben mit 25 Krankenhäusern ausgesprochen viele – eigentlich noch zu viele – Krankenhäuser. 25 Kliniken mehr sind nicht denkbar. Hier ist die Sichtweite einer Kommune immer sehr eingeschränkt. Eine Kommune kann sich natürlich einbringen, wenn es um Standortentscheidungen geht und um die Frage, welche Grundstücke möglicherweise zur Verfügung gestellt werden können. Das ist richtig; ein Entscheidungsstatus sollten ihnen aber nicht zugestanden werden.

Unterstützung erhalten die Länder, meine Damen, meine Herren, durch die Bundesärztekammer, die Psychotherapeutenkammer, die KBV, die Deutsche Krankenhausgesellschaft, durch den AOK Bundesverband und den vdek. Bis vor Kurzem dachten wir, auch Jens Spahn, Vorsitzender der Arbeitsgemeinschaft Gesundheit der CDU/CSU-Bundestagsfraktion, unterstützt uns. Es gab allerdings in jüngster Zeit eine gewisse Abkehr von der ursprünglichen Positionierung. Im Spahn-Papier in der Fassung des Fraktionsbeschlusses vom 22.02.2011 – das war eine Woche nach der wirklich bemerkenswerten Bund-Länder-Konferenz von Erkner – heißt es jetzt wie folgt: Auf der jeweiligen KV-Ebene soll ein regionaler sektorübergreifender Versorgungsausschuss zur ärztlichen Versorgungsplanung eingerichtet werden. Ihm gehören, das ist nun das Neue, Vertreter der KV, der Ärztekammer, der Landeskrankenhausgesellschaft sowie der Kassen an. Ursprünglich waren darin auch die Gesundheitsministerien vorgesehen. Nach der Beschlussfassung vom 22.02.2011 – nach der Konferenz von Erkner – nehmen jetzt Patientenvertreter und Vertreter der von der Planung betroffenen Kommunen und das jeweilige Gesundheitsministerium beratend an den Sitzungen teil. Das ist – ich sage ganz neutral – eine Änderung der Position, die vorher eingenommen wurde. Das wird sicherlich noch einmal Gegenstand einer weiteren Diskussion, die wir zu führen haben. Sie wissen, es steht in den nächsten Tagen die Amtschefkonferenz an, am 6. April folgt in Berlin eine Sonder-GMK mit Herrn Rösler. Ich hatte mit ihm vor einigen Wochen verabredet, dass wir uns vielleicht vorher noch einmal unterhalten. Ich weiß aber nicht, ob es noch dazu kommt.

Was in der Tat noch fehlt – damit komme ich langsam zum Schluss – ist die Bereitschaft des Bundesgesundheitsministers, auf die nach meinem Verständnis berechtigten Reformvorstellungen der Länder einzugehen. Ich bin wirklich der festen Überzeugung – ich spreche zumindest für meinen Verantwortungsbereich – das wir unsere Aufgabenstellung sehr ernst nehmen. Gelegenheit dazu bietet die anstehende Sitzung am 6. April. Die Gesundheitsminister der Länder, meine Damen, meine Herren, sind doch gehalten, ihre Planungsaufgaben sehr ernst zu nehmen. Ich beanspruche das für mich, ich beanspruche das auch für meine Kollegen.

Ich danke für Ihre Aufmerksamkeit und freue mich nachher auf die rege Diskussion.

Länderinitiative zur Sicherstellung der ambulanten ärztlichen Versorgung

Von Andrea Fischer[*]

Herr Prof. Pitschas, Herr Brendel,

meine sehr verehrten Damen und Herren,

ich bedanke mich für die Einleitung und dafür, dass ich – im Anschluss an den Vortrag von Minister Weisweiler – die Thematik unter dem Titel „Länderinitiative zur Sicherstellung der ambulanten ärztlichen Versorgung" beleuchten darf.

Bevor ich in medias res gehe, gestatten Sie mir zwei, drei Sätze vorab. Wenn man so wie ich aus der kommunalpolitischen, doch etwas zupackenderen Ebene kommt und über die Innen- und Wirtschaftspolitik bei der Gesundheitspolitik – umgeben von reformgestählten Gestaltern – anlangt, dann reibt man sich schon gelegentlich etwas verwundert die Augen. Man schaut noch verwunderter auf das Sozialgesetzbuch – gedruckt auf Gebetbuchpapier, aber dicker als die Bibel und ahnt, was für eine Aufgabe auf einen zukommen mag, obwohl die eigentlich zu stellenden Fragen relativ einfach sind: Wie hält man die ärztliche Versorgung für die Menschen, für die Bürger aufrecht? Wie kann der Arzt erreichbar bleiben? Wie schafft man es, dass dies alles auch bezahlbar bleibt?

Ich habe den Eindruck, diese Fragen beschäftigen einen von Reform zu Reform. Wirklich besser geworden ist es aber über die Jahre nicht und vielleicht ist es langsam Zeit, dass eine oder andere etwas pragmatischer zu betrachten. Vor dem Hintergrund gebe ich Ihnen einen kleinen Einblick über die Erfahrungen, die wir als neues Bundesland, als ostdeutsches Bundesland, als Freistaat Sachsen gemacht haben bei der Bewältigung des Problems der Aufrechterhaltung der ambulanten ärztlichen Versorgung in unserem Land.

Der Freistaat Sachsen hat einen Erfahrungsvorsprung. Das klingt eher nach etwas Positivem. Sie werden im Verlauf des Vortrags feststellen, dass dies nicht unbedingt der Fall ist. Man kann aus der Beobachtung oder Bewältigung der Aufgabe feststellen, dass es eine deutliche Diskrepanz zwischen der Verantwortung für die ambulante Versorgung gibt und zwischen den Möglichkeiten, die man hat, sich dieser Aufgabe tatsächlich zu stellen. Wir tun das schon seit ungefähr 2004/2005 sehr intensiv. Man stellt fest, dass die Möglichkeiten, tatsächlich Einfluss zu nehmen, auf Länderebene doch relativ gering sind. Die Ursache für

---

[*] Es handelt sich um die schriftliche Ausarbeitung eines von der Verfasserin anlässlich der 13. Speyerer Gesundheitstage gehaltenen Referats.

den Erfahrungsvorsprung ist, dass wir ein Versorgungsproblem im ambulanten Bereich in den neuen Ländern schon sehr viel deutlicher spüren. Ich beziehe mich hier ausschließlich auf das Thema des Ärztemangels. Es betrifft in erster Linie die Hausärzte in den ländlicheren Regionen und die Augenärzte. Das sind die prägnanten Berufsgruppen, die uns das Leben schwer machen. Sie haben das, Herr Brendel, vorhin so schön gesagt; das Wort „Verteilungsproblem" habe ich Ihren Worten entnommen. Sie kennen sicher alle den Spruch: „Das Wasser war durchschnittlich 50 cm tief und trotzdem ist die Kuh ersoffen". Man mag in der Tat gesamtdeutsch betrachtet ein Verteilungsproblem haben. In vier Fünftel des Landes geht es gut, in einem Fünftel nutzt die Feststellung, dass es ein Verteilungsproblem gibt, überhaupt nichts. Aus unserer Sicht ist unser Verteilungsproblem ein schlichtes Problem des ersten Mangels. Dieses Problem wird uns nicht mehr verlassen. Es wird uns bundesweit nicht ganz verlassen, aber die neuen Länder sind deutlicher betroffen. Wir haben den Anteil der Vertragsärzte in Sachsen und Thüringen analysiert. Bei der Hausärzteversorgung zeigt sich eine deutliche Diskrepanz zum Durchschnitt in der Bundesrepublik. Ich erlaube mir hier die Bemerkung: Den Bürgern, die in Annaberg oder in Saalfeld-Ruderstadt wohnen, nutzt diese durchschnittliche Betrachtung gar nichts. Sie stehen im Grund genommen vor dem Problem, dass sie absehen können, dass 40 Prozent der dort ansässigen Ärzte im Durchschnitt in den nächsten Jahren in den Ruhestand – den wohlverdienten – treten werden.

Auf welche Aktivitäten des Freistaates Sachsen gegen den Ärztemangel bin ich gestoßen? Auf Aktivitäten, die das Gesundheitsministerium zusammen mit den Berufsverbänden, mit der KV und mit den Kassen versucht hat, sich gegen den Ärztemangel aufzustellen. Seit Mitte der 2000er Jahre versucht man, die Kompetenzen, die man derzeit hat, so gut wie möglich auszuschöpfen, um auch maximale Effekte aus dem System zu ziehen. Man hat sich – als wichtigste Maßnahme – der Bedarfsplanung zugewendet. Sie ist nunmehr ja auch ein zentrales Thema in den Bund-/Ländergesprächen. Man hat versucht, die Möglichkeiten in der Bedarfsplanung tatsächlich extensiv zu nutzen. Man hat die Versorgungsprobleme kleinräumiger betrachtet. Man hat so getan, als gäbe es die Ärzte, die 60 Jahre und älter sind, schon nicht mehr. Man hat die Prüfungsintervalle verkürzt; das war ein Thema, dessen sich der Landesausschuss angenommen hat. Dann hat man – ich glaube, die KV war hier treibende Kraft – den Demographiebezug stärker auch in den argumentativen Fokus gerückt. Denn es kommt eine – sozusagen – parallele Entwicklung dazu. Die Menschen werden älter und der Bedarf an Versorgungsleistungen wird größer. Man hat die Sicherstellungszuschläge bezahlt, das Thema ist mittlerweile bundesgesetzlich wieder erledigt. Man hat Versorgungszuschläge für die Bestandsärzte in von Unterversorgung bedrohten Gebieten gezahlt. Dann hat man, was ich für ein durchaus wichtiges Thema halte, bei den Weiterbildungsassistenten in der Allgemeinmedizin auch Geld darauf gepackt. Denn es hat davor sehr wenig Neigung gegeben, sich der Allgemeinmedizin zuzuwenden, wenn es allein schon finanziell sehr viel attraktiver war im Krankenhausbereich zu verbleiben. Dann haben wir noch ein Förderprogramm für Medizinstudenten aufgelegt. Verpflichten sie sich, sich nach Abschluss des Studiums in unterversorgten Gebieten niederzulassen, bekommen sie einen kleinen finanziellen Bonus. Wir haben zudem modellhaft versucht, das Thema Delegation zu organisieren. In Anlehnung an eine sehr erfolgreiche DDR-Fernsehserie heißt das Projekt bei uns „Gemeindeschwester Agnes". Dann kommen noch größere und kleinere Maßnahmen hinzu, um die Attraktivität des Berufsbildes in der Sicht der Medizinstudenten zu steigern. Wir haben mittlerweile in Dresden und in Leipzig zwei Lehrstühle für Allgemeinmedizin. Wir haben versucht, zusammen mit dem Hausärzteverband Praktikanten möglichst frühzeitig an die Praxis zu binden und die Landesärztekammer hat eine zentrale Beratungsstelle zur Verfügung gestellt, die bei ihr angebunden ist.

Die Ergebnisse, das sage ich wieder vor dem Hintergrund meines etwas pragmatischeren eigenen Zuganges, sind doch eher etwas mager – um es freundlich zu beschreiben. Sie haben jedenfalls, obwohl sie punktuell erfolgreich waren, nicht zu einer Trendwende führen können. Alle Gegenmaßnahmen, die man ergriffen hat, lassen nicht erwarten, dass das Problem letztlich - vor allem auch aus Sicht eines ostdeutschen Landes - kleiner wird. Es wird sich in erster Linie natürlich auch zwischen den Ländern eine schwierige Diskussionslage ergeben. Wobei ich darauf hinweise, wir werden im Osten immer auch politisch in der Minderheit sein. Wir sind einfach zu Wenige.

Ich möchte nun versuchen Ihnen aufzuzeigen, welche Kompetenzen die Länder hatten und wie man letztendlich mit diesen Kompetenzen umgegangen ist. Ich schicke aber eines voraus: Ich bin ja nicht nur hier, um Ihnen zu berichten, was der Freistaat Sachsen alles versucht hat, sondern ich will dieses ganze Thema so umspannen, dass klar wird, warum die Länder überhaupt mehr Kompetenzen wollen. Zu dem Thema der kleinräumigen Betrachtung durch den Landesausschuss: Wir haben kräftig zu kämpfen gehabt oder haben nach wie vor zu kämpfen mit dem Vorwurf, diese Praxis sei im bestehenden System rechtswidrig. Die Sicherstellungszuschläge haben sich mittlerweile erledigt. Ganz besonders aufwändig war die Diskussion um das Förderprogramm der Medizinstudenten. Ich kann meine Mitarbeiter für ihren langen Atem in dieser Frage nur bewundern. Für diesen doch recht kleinen Beitrag zum Anreiz, sich dem Thema Allgemeinmedizin zu widmen, gab es heftige Diskussionen. Bei der Bafög-Novelle, wo wir dafür gekämpft haben, die paar hundert Euro wenigstens nicht auf Bafög anzurechnen, haben wir uns nicht durchsetzen können. Bei dem Thema Gemeindeschwester Agnes sind wegen des Beschlusses des Bewertungsausschusses die Einsatzmöglichkeiten beschränkt. Das will ich nicht rundheraus kritisieren, dafür mag es auch Gründe geben. Sie sehen also: Es gibt schon eine Diskrepanz zwischen dem Thema Verantwortung und dem Spiegelbegriff der dazu gestellten Kompetenzen. Als Landespolitikerin sage ich selbstbewusst: Ideen werden vielleicht nicht nur, aber auch regional geboren - der Rechtsrahmen selbst wird aber in der Regel auf Bundesebene - also zentral - gesetzt.

Wir sehen auch eine Diskrepanz zwischen dem Verfassungsauftrag einerseits und der Wirklichkeit andererseits. Die Länder sind letztlich vor dem Hintergrund der Daseinsfürsorge in der Pflicht, die flächendeckende, umfassende medizinische Versorgung sicherzustellen. Sie werden im Übrigen politisch auch dafür angesprochen. Die Bürger erwarten das. Das können Sie allein schon am Posteingang des Ministeriums sehen. Fehlt irgendetwas irgendwo, dann bekommt entweder Frau Fischer oder Herr Weisweiler oder auch meine Ministerin Frau Clauß einen Brief, sie müsste etwas tun, zum Beispiel zusehen, dass nach Torgau wieder ein Arzt kommt. Demgegenüber sieht man, dass die Einwirkungsmöglichkeiten der Länder in den letzten Jahren deutlich gesunken sind. Wir haben es in der Gesundheitspolitik immer mehr mit einer Zentralisierung zu tun. Das letzte große Beispiel, was uns alle umgetrieben hat, war der Gesundheitsfonds. Wir haben letztlich die Finanzverantwortung, auch die Beitragssatzverantwortung beim Bund. Wir haben aus Ländersicht eine erodierende Kassenaufsicht. Sachsen ist noch gut raus; wir haben noch die Aufsicht über unsere AOK, aber die IKK ist uns verlustig gegangen. Insgesamt sind es nur 25 Prozent der Kassen, die landesunmittelbar sind und damit sinkt faktisch der Einfluss auf das, was die Kassen tun. Wir glauben, dass die Selektivverträge die transparente und flächendeckende Versorgung durchaus erschweren. Ich nenne hier als Beispiel nur die Sicherstellung des Bereitschaftsdienstes. Die Stärkung der Länderkompetenz ist keine Machtfrage, sondern die beste Option um künftige Herausforderungen zu meistern. Ich möchte das etwas relativieren: Ich glaube, dass es bei der Fragestellung der Länderkompetenz nicht darum geht, dass man als Land selbstbewusst behauptet, man könne alles besser als andere. Sondern dass es letztlich darum geht, sich eine Problemlage klarzumachen und in einem föderalen Staat die Ebene verantwortlich zu machen, die am besten in der Lage ist mit diesem Problem umzugehen. Ich bin immer relativ offen für einen föderalen Ansatz, verschweige aber nicht, dass ich keinen Zweifel daran habe, dass das eine oder andere tatsächlich auch zentral besser geregelt werden kann. Und es kann auch im Zweifel kommunal hier und da besser geregelt werden als auf Landesebene.

Ich möchte noch ein paar Beispiele anführen, warum wir glauben, dass es zur Stärkung von Länderkompetenzen kommen muss. Wenn sie ein Versorgungsgeschehen haben, das sich über das Land verteilt höchst unterschiedlich darstellt, gibt es, glaube ich, keine mit gesundem Menschenverstand nachvollziehbare Berechtigung, warum es für alle gleich gelöst und geregelt werden muss. Es wird letztlich einen Politiker im Freistaat Bayern nicht interessieren, wenn die Bürger in Sachsen schlechter versorgt sind, solange seine bayerischen Bürger gut versorgt sind. Sie haben zudem auch innerhalb eines Landes nicht nur das Gefälle zwischen Stadt und Land, sondern sie haben auch interregional deutliche Unterschiede. Wir haben beispielhaft die hausärztliche Versorgung in Bayern der hausärztlichen Versorgung aller ostdeutschen Länder ohne Berlin gegenübergestellt. Das sind ungefähr die gleichen Einwohnerzahlen. Wenn sie einfach die Zahl der Hausärzte nehmen und sich die Fallzahl pro Arzt ansehen und den Mehrbedarf, wird eine unterschiedliche Interessenlage manifest. Das können wir jetzt noch ein bisschen weiter treiben, indem wir München mit Dresden vergleichen. Es mag ihnen nicht opportun erscheinen, aber der Trend, glaube ich, stimmt. Sie sehen in München mit 128 Prozent einen Superversorgungsgrad mit Hausärzten, bei Dresden sieht es düsterer aus. Noch einmal zum Thema Verteilungsproblem: Es ist nicht zu erwarten, dass wir nun die 28 Prozent Münchner Ärzte nach Sachsen expedieren. Das ist offensichtlich kein realistisches Szenario. Das Verteilungsproblem und die Durchschnittsgerechtigkeit helfen uns hier nicht weiter. Ich glaube, dass eine weitere Zentralisierung nach den jetzigen Bedingungen bedeutet: Der derzeitige Maßstab wird in der Tat das Toplevel. Es wird also nicht dazu kommen, zum Beispiel die Ärzte in Bayern zu 30 Prozent schlechter zu vergüten, dafür die in Sachsen zu 30 Prozent besser. Das wird keine Lösung sein. Wir reden hier, wenn es weiter so geht, über sogenannte „Das-kommt-noch-obendrauf"-Lösungen. Ich will hier ein Beispiel machen: Wir haben uns insbesondere als Freistaat Sachsen im Rahmen der Gesundheitsfondsdiskussion ziemlich gequält, weil wir hervorragende Kassenbeiträge hatten. 12,9 Prozent, das heißt wir lagen mit unserem Beitragssatz etwa über 2 Prozent besser als der Rest. Von diesen 2 Prozent konnte man 0,7 Prozent ziemlich deutlich auf eine vorausschauende Krankenhausplanung zurückführen. Mit der Einführung des Gesundheitsfonds ist bei uns zunächst nichts weiter passiert, als dass die Leute mehr bezahlen mussten ohne dafür bessere Leistungen zu bekommen. Es ist meines Erachtens derzeit nicht erkennbar, dass es Anreize gibt, überhaupt noch in diesem Bereich tätig zu sein.

Wir glauben auch, dass ohne eine Reregionalisierung und die anstehende Diskussion in diese Richtung letztlich auch die Einheitskasse forciert wird. Das möchte ich hier ganz deutlich sagen: Wir wollen diese Länderinitiative nicht verstanden wissen als einen Angriff auf die Selbstverwaltung, sondern als den Versuch, die Ebenen anzusteuern, die die vor uns allen liegenden Versorgungsprobleme tatsächlich auch beherrschbar gestalten können. Wir glauben, dass wir ein neutrales Bindeglied für die Steuerung der ambulanten Steuerung brauchen. Dort, wo die Leute auch politisch angesprochen werden, ist der Handlungsdruck eben einfach größer, eine vernünftige Lösung zu präsentieren.

Ein zukunftsfähiges Modell kann sich zudem nicht mehr beschränken auf die ambulante Versorgung, sondern wir brauchen letztlich die sektorübergreifende Planung. Wir bilden in der Tat wieder im Durchschnitt genügend ärztlichen Nachwuchs aus. Es nutzt uns aber gar nichts, wenn dieser nicht in die Niederlassung geht, sondern andere Berufsformen nachsucht: entsprechend seiner Ausbildung und entsprechend dem, was er gerne möchte. Und wir glauben, dass die neuen Aufgaben mit einer Beteiligung der Länder im Ergebnis besser gelöst werden könnten. Wir denken, wenn regionale Lösungen angestrebt werden, wird sich letztendlich in der Frage, welche Lösung in Betracht kommt, mehr Innovation in den Regionen zeigen. Wir haben in Sachsen einige innovative Regelversorgungsansätze entwickelt.

Ich schaue jetzt voraus auf die schon erwähnte Bund-Länder-Kommission, die gebildet worden ist, nachdem die Länder auf ein Positionspapier verständigt haben. Auf Arbeitsebene sind einige Aspekte mit einem grünen Haken versehen worden. Nach meiner Auffassung sind das im Wesentlichen Dinge, die Sie mit dem gesunden Menschenverstand nicht mehr abwehren können. An den Stellen, an denen es um Geld geht, ist ein großer Prüfvorbehalt des Bundes erklärt worden. Wir werden sehen, was dabei herauskommt. Bei einigen Aspekten, die von den Ländern eingefordert wurden, besteht keine Einigung mit dem Bund. Das sind Dinge, die sozusagen eine Änderung an der Methodik der Selbstverwaltung von heute bedeuten. Da will man lieber bei dem verbleiben, was man hat.

Wie es ausgehen wird, wissen wir noch nicht. Der weitere Zeitplan ist klar. Wir werden uns auf Amtschefebene treffen. Eine Sonderministerkonferenz ist anberaumt. Der Diskussionsprozess läuft. Ich darf an der Stelle sagen, dass auch der Freistaat Sachsen ein bisschen mit getrieben hat in diese Richtung. Ich bin eigentlich froh, dass es die Beschreibung der Länderposition gibt, dass sie rechtzeitig beschrieben worden ist bevor die Diskussion um ein Versorgungsgesetz aufkam. Und dass es gelungen ist, was keine Selbstverständlichkeit ist, die Länder 16:0 zusammenzuhalten. Wäre dies nicht gelungen, hätte man es gleich lassen können. Wenn man hier nicht – auch unter Schmerzen – das eine oder andere an persönlicher Überzeugung zurückstellt, wird es uns in dem Gesundheitsreformprozess, der noch vor uns liegt, nicht gelingen, die Länderpositionen letztlich durchzusetzen. Der Gesetzentwurf für das Versorgungsgesetz ist angekündigt für Mai/Juni. Wir werden in den nächsten Wochen sehen, ob es dabei bleibt.

Vielen Dank.

Auswirkungen des GKV-Finanzierungsgesetzes auf die Sicherstellung der vertragsärztlichen Versorgung. Die Position der Vertragsärzte

Von Carl-Heinz Müller[*]

Sehr geehrte Damen und Herren,

die ambulante ärztliche Versorgung in Deutschland ist nach vor sehr gut. Sie ist immer noch flächendeckend, auch wenn es mittlerweile vor allem in strukturschwachen ländlichen Gebieten Engpässe gibt. Sie ist auf einem hohen qualitativen Niveau. Sie umfasst alle medizinisch notwendigen Leistungen. Aufgrund des Kollektivvertrags und der Pflichtmitgliedschaft aller Vertragsärzte und Vertragspsychotherapeuten[1] in den Kassenärztlichen Vereinigungen bietet sie für alle gesetzlich Versicherte die gleichen Zugangschancen sowie eine sichere und gerechte Versorgung. Sie ist damit von hohem Wert für Versicherte, Patienten, Ärzte, Psychotherapeuten, aber auch für Krankenkassen und die Gesellschaft insgesamt.

Wir alle wollen, dass das auch so bleibt. Wir wissen aber auch, dass das angesichts des demographischen Wandels, des medizinischen Fortschritts, der knappen finanziellen Ressourcen und des Ärztemangels schwierig wird. Die Versorgung muss daher auf die kommenden Herausforderungen ausgerichtet werden. Neue Wege sind unverzichtbar, wenn wir auch weiterhin für jeden den gleichen Zugang zu ärztlichen Leistungen auf hohem Niveau und in der Grundversorgung wohnortnah erhalten wollen.

Was ist dazu erforderlich?

Grundlage für die Lösung der anstehenden Probleme ist aus Sicht der Kassen Bundesvereinigung die Umstellung vom bisherigen arztzentrierten Denken in der Planung der ambulanten Versorgung auf ein patientenzentriertes Denken. In der Bedarfsplanung alter Prägung stand die Frage im Mittelpunkt, wieviel Ärzte es bereits in einer Region gibt. Künftig muss die Frage danach, wie die Morbidität der Bevölkerung aussieht und wie sich diese Morbidität künftig verändern wird, im Mittelpunkt stehen. Denn erst die Antwort auf diese Frage ergibt die Antwort darauf, wieviele Ärzte welcher Fachrichtung in einer Region erforderlich sind und wie die wirtschaftliche Tragfähigkeit von Praxen oder Berufsausübungsgemeinschaften voraussichtlich ist.

---

[*] Die Vortragsform wurde beibehalten. Es gilt das gesprochene Wort
[1] Aus Gründen der Einfachheit werden im Folgenden meist nur die männlichen Formen genannt; es sind aber immer beide Geschlechter gemeint.

Exkurs: notwendige Datengrundlagen

Die für die Beantwortung dieser Fragen notwendigen Instrumente liegen mittlerweile in ausreichendem Maße vor. Den Grundstein dafür hat die KBV mit der Kleinräumigen Versorgungsanalyse (KVA) gelegt. Dort wurden die Daten aller niedergelassenen Ärzte und Psychotherapeuten in einer Region eingegeben und mit Wegezeiten und anderen infrastrukturellen Gegebenheiten verknüpft. Die KVA wird heute für die Beratung niederlassungswilliger Ärzte genutzt, denn sie gibt Antwort darauf, wie sich die Versorgungssituation vor Ort verändert, wenn sich ein Vertragsarzt an einem bestimmten Standort niederlässt. Es können z.B. Aussagen darüber getroffen werden, ob eine neue Praxis wirtschaftlich tragfähig ist, wie sich die Auslastung bereits vorhandener Arztpraxen verändert und vieles mehr.

Aber das Instrument der KVA reichte nicht aus. Denn zum einen ist es nach wie vor ein statisches Planungsinstrument, das die Morbiditätsentwicklung einer Bevölkerung nicht mit einbezieht. Zum anderen war es damit nicht möglich, vorhandene stationäre Kapazitäten zu berücksichtigen. Das ist aber angesichts der künftigen Veränderungen dringend notwendig. Deshalb haben wir mit der Entwicklung des elektronischen Gesundheitsinformationssystems (eGIS) begonnen. Die Herausforderung dabei ist es, Theorien, Methoden und Datengrundlagen unterschiedlicher Disziplinen zusammenzuführen und so eine einheitliche Basis für übergreifende Forschungs- und Planungsfragen zu schaffen.

Bei der Schaffung einer solchen Datenbasis sind wir mit eGIS bereits ziemlich weit gekommen. Im eGIS werden KBV-eigne und externe Daten zusammengeführt, zum Beispiel:

- Ambulante Abrechnungsdaten,
- DRG-Daten,
- Daten aus dem Bundesarztregister
- Arzneimitteldaten,
- Daten der Krankenhäuser,
- sozioökonomische und demografische Strukturdaten
- Daten zum Ernährungsverhalten

Diese sektorübergreifenden Daten werden auf einer einheitlichen, kleinräumigen geografischen Ebene zusammengeführt und verdichtet und damit vergleichbar gemacht. Dabei werden wo immer möglich die Daten mehrerer Jahre erfasst, um Zeitreihenanalysen durchführen zu können und Dynamiken zu erkennen.

Mit diesen Daten können regionale Versorgungsanalysen erstellt werden, auf deren Basis spezifische Handlungsbedarfe in der Gesundheitsplanung und -politik auf objektiver Basis ermittelt und entsprechende Strategien entwickelt werden können. Wir wissen damit bereits heute sehr viel mehr darüber, was in einer Region gebraucht wird und was bereits vorhanden ist. Damit haben wir eine Grundlage zur künftigen Versorgungsplanung geschaffen, die allerdings noch weiter entwickelt werden muss.

Neuordnung der Versorgungsebenen

Flächendeckende Versorgung und gleiche Zugangschancen für alle kann natürlich nicht heißen, dass in einer Region alle Leistungsbereiche wohnortnah vorgehalten werden können. Deswegen ist es notwendig, stärker als bisher zwischen der Ebene der Grundversorgung und einer spezialisierten fachärztlichen Versorgungsebene zu unterscheiden. Denn den Hausarzt, den grundversorgenden Augenarzt, den Gynäkologen und den Kinderarzt muss es auch weiterhin „um die Ecke" geben, der hochspezialisierte Onkologe oder Rheumatologe kann dagegen sehr gut auch in nächstgelegenen Mittel- oder Oberzentrum angesiedelt sein.

Bisher wurde diese Differenzierung in der Bedarfsplanung nicht vorgenommen. Das müssen wir ändern, denn die Erfahrung der letzten Jahre zeigt, dass bei der zunehmenden Spezialisierung durch den medizinischen Fortschritt die Grundversorgung häufig zu kurz gekommen ist. Grundversorgung bezieht sich dabei explizit nicht nur auf die hausärztliche Versorgung – obwohl diese nach wie vor das Rückgrat jeglicher Grundversorgung bleibt – sondern auch auf den konservativ tätigen Augen- oder HNO-Arzt, den Gynäkologen oder den Kinderarzt.

Die wohnortnahe Grundversorgung muss gestärkt werden. Das kann nach unserer Auffassung sinnvoll nur im Kollektivvertrag geschehen. Denn nur im Kollektivvertrag ist es möglich, dass jeder Versicherte unabhängig von seiner Kassenzugehörigkeit überall darauf zurückgreifen kann. Umgekehrt ist es für grundversorgende Ärzte extrem schwierig, wenn nicht sogar unmöglich, kassenspezifische Selektivverträge für eine Vielzahl von Kassen zu verwalten und in der Praxis patientenindividuell umzusetzen.

In der hochspezialisierten fachärztlichen Versorgung ist eine enge Verzahnung mit dem stationären Sektor unabdingbar. Neben der Notwendigkeit, die Versorgungsplanung sektorenübergreifend auszugestalten geht es vor allem darum, gleiche Voraussetzungen zu schaffen. Noch bestehende Wettbewerbsverzerrungen etwa durch die duale Finanzierung, durch unterschiedliche Qualitätsvoraussetzungen oder unterschiedliche Vergütungen bzw. Mengesteuerungsmaßnahmen müssen dringend angeglichen werden. Die KBV strebt hier eine völlige Gleichstellung an der Schnittstelle ambulant-stationär an.

Notwendig ist, dass auch im Kollektivvertrag Versorgungsziele für bestimmte Patientengruppen oder Indikationen vereinbart und verfolgt werden.

Patientenzentrierte Versorgungsplanung

Dass die Bedarfsplanung alter Prägung nicht geeignet ist, eine sinnvolle Versorgungsplanung in Zukunft zu ermöglichen, ist mittlerweile unstrittig. Diskutiert wird dagegen sehr wohl über die Ausrichtung einer neuen Versorgungsplanung, ja teilweise sogar darüber, ob eine solche überhaupt noch notwendig ist. Dazu hat die KBV ganz klare Positionen: eine Versorgungsplanung ist unabdingbar, wenn eine möglichst gleichmäßige und flächendeckende Versorgung gewährleistet bleiben soll. Am Beispiel der Zusammenlegung der Planungsbezirke in Berlin lässt sich das sehr schön zeigen: als dort die Bezirksgrenzen aufgehoben wurden, ließen sich viele Mediziner in bereits sehr gut versorgten, attraktiven Gebieten wie Charlottenburg oder Zehlendorf nieder. Unattraktive Gebiete wie Lichtenberg oder Marzahn dünnten spürbar aus, mit der Folge, dass es dort heute ebenfalls unterversorgte Gebiete gibt. Eine zukunftsgerichtete Versorgungsplanung muss – wie bereits dargestellt – am regionalen Versorgungsbedarf der Bevölkerung anknüpfen.

Nach unserem Vorschlag wird in jedem Land eine Arbeitsgemeinschaft zur Koordinierung von Sicherstellungszielen und -maßnahmen in der ambulanten und stationären Versorgung, der Regionalverbund „Sektorübergreifende Versorgungsplanung" als öffentlich-rechtlicher Zweckverband gebildet. Stimmberechtigte Mitglieder dieser Arbeitsgemeinschaft sind Ministerium, Kassenärztliche Vereinigung, Landesärztekammer, Landeskrankenhausgesellschaft und Krankenkassenvertreter mit je einer Stimme.

Die Arbeitsgemeinschaft koordiniert die sektorspezifisch fortbestehende Sicherstellungsverantwortung der Kassenärztlichen Vereinigung für die ambulante Versorgung und des Landes für die Krankenhausplanung und stimmt vorrangige regionale und örtliche Versorgungsnotwendigkeiten ab. Die Sicherstellungsverantwortung der Kassenärztlichen Vereinigung bleibt unberührt; allerdings ist sie verpflichtet, die Empfehlungen der Arbeitsgemeinschaft zu berücksichtigen.

Der Gemeinsame Bundesausschuss (G-BA) soll damit beauftragt werden, für diese bedarfsallokative Versorgungsplanung in der ambulanten Versorgung durch Richtlinien Rahmenvorgaben festzulegen, die Bindungswirkung für Landesausschüsse und Zulassungsausschüsse haben. Allerdings wird den Regionen die Möglichkeit zum Abweichen gegeben, so dass sie auf besondere regionale Erfordernisse adäquat eingehen können.

Zulassungen als Vertragsarzt oder Vertragspsychotherapeut sind dann nur für einen nach neuen Bedarfskriterien zu bestimmenden ausgewiesenen Sitz zulässig. Weitere Zulassungen an diesem Standort sind nur dann zulässig, wenn sie einer Verbesserung der Versorgung dienen. Hinzu kommt die von uns geforderte Möglichkeit für Kassenärztliche Vereinigungen, Praxen in überversorgten Gebieten, die für die Versorgung nicht notwendig sind, aufzukaufen und stillzulegen. Eine solche Versorgungssitzsteuerung wird mittelfristig zu der gewünschten effizienten Verteilung knapper ärztlicher Ressourcen führen.

Sicherstellung in unterversorgten Gebieten

Das größte Problem hinsichtlich der Sicherstellung besteht bereits heute in strukturschwachen, meist ländlichen Gebieten. Für Ärzte ist es oft uninteressant, sich in diesen Gegenden niederzulassen. Diese Gebiete sind oft gekennzeichnet durch eine Bevölkerungsabnahme bei gleichzeitig steigender Morbidität. Das liegt daran, dass die jungen und gesunden Menschen häufig abwandern und die älteren, kranken zurückbleiben.

In solchen Gebieten ist es oft nicht mehr möglich, einen niederlassungswilligen Arzt zu finden bzw. eine Praxis wirtschaftlich tragfähig anzusiedeln. Deswegen muss die Versorgung auf andere Weise sichergestellt werden. Unter anderem sind dazu Filialpraxen geeignet. In einer Gemeinde wird – ggf. mit Unterstützung durch die Gemeinde – eine Praxis eingerichtet. Diese wird aber nicht ständig von einem Arzt betreut, sondern mehrere Ärzte mit unterschiedlichen Fachrichtungen bieten dort stundenweise Sprechstunden an. Die Kontinuität und übergreifende Informationen werden durch eine besonders qualifizierte Medizinische Fachangestellte gewährleistet. Diese unterstützt die Ärzte ggf. auch mit aufsuchenden Hilfen bei Patienten. Außerdem ist sie für die Praxisverwaltung, also Terminvergabe und anderes – soweit diese nicht zentral erfolgen muss – zuständig. So ist es möglich, auch in untervorsogten Gebieten eine gute, flächendeckende Grundversorgung aufrechtzuerhalten.

Die Ärzte können in einer großen Berufsausübungsgemeinschaft wie einem MVZ selbständig tätig oder dort bzw. bei den Kassenärztlichen Vereinigungen angestellt sein.

Die Kassenärztliche Vereinigung erhält darüber hinaus die Möglichkeiten, in unterversorgten Gebieten aus einem Strukturfonds ggf. Ärzte anzustellen oder Filialpraxen einzurichten. Außerdem kann sie zur besseren Vernetzung des stationären und des ambulanten Sektors Konsiliarärzte vermitteln. Sie kann außerdem ggf. auch gemeinsam mit den Krankenhäusern Medizinische Versorgungszentren bilden, um unterversorgte Gebiete zu versorgen und den Notfalldienst zu organisieren.

Weitere Maßnahmen umfassen eine Flexibilisierung des Berufsrechts, etwa durch die Verlängerung der Möglichkeit für Ärztinnen, sich nach einer Geburt vertreten zu lassen oder einer Lockerung der Residenzpflicht.

Maßnahmen gegen den Ärztemangel

Eine Neuordnung der Bedarfsplanung alleine reicht allerdings definitiv nicht aus, um eine gute Versorgung künftig aufrecht zu erhalten. Alleine ein Blick auf die Alterspyramide der Vertragsärzte zeigt, dass wir dringend mehr Nachwuchs in der ambulanten und stationären Versorgung brauchen, um den prognostizierten Mehrbedarf auch nur annähernd bedienen zu können. Um den Arztberuf für junge Kolleginnen und Kollegen wieder attraktiv zu gestalten, muss ein ganzes Maßnahmenbündel greifen.

Zentraler Inhalt muss es sein, den Beruf des niedergelassenen Arztes oder Psychotherapeuten wieder attraktiv zu machen. Das bedeutet, dass die Vergütung ärztlicher Leistungen wieder eine angemessene Höhe erreichen und die Leistungen einer Praxis wiederspiegeln muss. Dazu brauchen wir eine Rückkehr zu einer sinnvollen, transparenten Einzelleistungssystematik und einer möglichst einfachen, nachvollziehbaren und auf das Allernotwendigste beschränkte Mengensteuerung. Alternativ müssen wir die Kostenerstattung fördern. Ziel muss darüber hinaus sein, die Bürden der Mengensteuerung nicht allein den Ärzten aufzuhalsen, sondern die Patienten mit sinnvollen Eigenbeteiligungen ebenfalls in die Verantwortung zu nehmen.

Außerdem müssen Ärzte wieder mehr ärztlich tätig werden können und sich nicht auf die Funktion von Verwaltungsfachkräften reduziert fühlen. Notwendige bürokratische Vorgaben müssen erheblich vereinfacht und nicht notwendige abgeschafft werden. Dazu brauchen wir auch den Ausbau von kompatiblen und praktikablen EDV-Programmen, die notwendige Dokumentationen so einfach wie möglich gestalten. Die KBV fordert dazu die Möglichkeit, Schnittstellen zu definieren und die Kompatibilität der EDV-Systeme sicherzustellen. Gleichzeitig muss die Telematikinfrastruktur so ausgebaut werden, dass der Austausch sensibler Daten online sicher und geschützt möglich ist.

Nicht zuletzt geht es darum, die Abschreckung durch Regressdrohungen bei verordneten Leistungen endgültig zu beseitigen. Die KBV hat dazu gemeinsam mit den Apothekern das Konzept der Wirkstoffverordnung entwickelt, das die medizinische Verantwortung bei den Ärzten belässt und die Preisverantwortung wieder an die Krankenkassen und die Pharmaunternehmen überträgt.

Außerdem müssen Medizinstudierende bereits während des Studiums mit der Arbeit in einer Arztpraxis vertraut gemacht werden. Das gilt vor allem für die Allgemeinmedizin, die insgesamt besser im Studium verankert werden muss. Ein Lehrstuhl für Allgemeinmedizin muss an jeder Hochschule mit dem Studienfach Medizin eingerichtet werden! Die Förderung der Weiterbildung in der ambulanten Versorgung muss auch auf andere Fachgruppen der Grundversorgung ausgedehnt werden.

Die gegenüber der heutigen Ärztegeneration deutlich veränderten Ansprüche junger Kolleginnen und Kollegen müssen in der Berufsausübung ebenfalls berücksichtigt werden. Das bedeutet den Ausbau der Möglichkeiten, in Teilzeit und als angestellter Arzt tätig sein zu können. Alle Möglichkeiten, Beruf und Familie besser miteinander vereinbaren zu können, müssen genutzt werden. Kooperations- und Zusammenarbeitsmöglichkeiten müssen deutlich erleichtert werden. Junge Ärzte wollen flexibel sein! Darauf muss sich die Versorgungsstruktur ebenfalls ausrichten.

Sehr geehrte Damen und Herren,

die Sicherstellung der ambulanten und stationären Versorgung wird künftig aus den bekannten Gründen immer schwieriger. Wir müssen deshalb die gesetzlichen und von der Selbstverwaltung zu konkretisierenden Vorgaben dafür an die neuen Herausforderungen anpassen. Die KBV hat in jahrelanger Arbeit viele notwendige Grundlagen dafür gelegt. Jetzt ist es an der Zeit, diese in dem kommenden Versorgungsgesetz entsprechend zu verankern. Vertragsärzte und ihre Selbstverwaltung sind bereit, ihren Teil der Verantwortung dafür zu übernehmen.

Ich danke Ihnen für Ihre Aufmerksamkeit.

Auswirkungen des GKV-Finanzierungsgesetzes auf die Sicherstellung der vertragsärztlichen Versorgung. Die Position der Krankenhäuser

Von Georg Baum

Sehr geehrte Damen und Herren,
ich darf mich zunächst für die Einladung bedanken. Ich dachte es sei ein Versehen, dass ich, obwohl wir über Versorgung und Versorgungssicherung reden, auch noch einmal die Möglichkeit bekomme, über Finanznöte zu sprechen. Wenn wir als Krankenhäuser über das GKV-Finanzierungsgesetz sprechen, dann ist die Ausgangslage der Aderlass, den die Krankenhäuser durch dieses Gesetz für die Sanierung der Krankenkassen bringen müssen. Ich weiß, vielen Krankenkassen geht es gut, sie brauchen die Sanierung durch die Krankenhäuser gar nicht. Aber die Politik war der Meinung, die Defizite liegen im Zehn-Milliardenbereich und deshalb seien Einsparmaßnahmen notwendig; diese haben jetzt Konsequenzen für die Krankenhäuser. Deshalb habe ich Ihnen ein Schaubild, das mich zutiefst erschüttert hat, mitgebracht. Das ist das Ergebnis der Verhandlungen der Landesbasisfallwerte und damit der Preiszuwächse für die Krankenhäuser auf der Grundlage des GKV-Finanzierungsgesetzes. Schauen wir nur kurz auf vier relevante Positionen. 0,9 Prozent war die Grundlohnrate, auf die wir gekürzt wurden. 1,15 Prozent war die originäre Grundlohnrate. Eigentlich hätten die Krankenhäuser den Kostenorientierungswert bekommen sollen. Dieser wäre noch höher gewesen, aber er ist beiseite gestellt worden. Dann sind wir von 1,15 auf 0,9 Prozent gekürzt worden. Grundlohnrate heißt bei uns Obergrenze für die Verhandlung des Landesbasisfallwertes. Wir sind in die Verhandlungen in den Ländern gegangen und im Bundesdurchschnitt ist ein Wert von 0,3 Prozent herausgekommen. Wie die Tabelle zeigt: Viele auch große Flächenländer weisen Minusraten, das heißt Minuspreise, auf. Im Ergebnis heißt das: Wenn wir 0,9 Prozent Preiszuwachs bekommen hätten, hätten die Krankenhäuser einen Vergütungszuwachs von 540 Millionen Euro deutschlandweit realisieren können. Jetzt haben wir aber nur einen tatsächlichen Preiszuwachs von 180 Millionen Euro, verteilt auf 2.000 Krankenhäuser und eine Millionen Beschäftigte und 45 Milliarden Gehaltssumme. Sie können sich vorstellen, wie hoch der Preisspielraum ist, um Personalkosten und Sachkosten zu decken. Wir haben überhaupt keine Luft, um Tarifabschlüsse, wie sie zum Beispiel auf der Landesebene zustande gekommen sind, zu decken. Unsere Universitäten, die nach diesen Abschlüssen höhere Personalkosten zahlen müssen, können mit solchen geringen Preiszuwächsen überhaupt nicht zurechtkommen.

Herr Minister Weisweiler, ich spreche Sie als Landesminister mit Herz für Krankenhäuser an: Eigentlich sagt das Gesetz, wir sollen 500 Millionen Euro sparen. Nach diesen Abschlüssen sparen wir bis Ende 2011 bereits 860 Millionen Euro. Und wenn in diesem Jahr die Preise nur um 0,3 Prozent steigen, dann sind sie nächstes Jahr zum Einstieg auch schon um 0,6 Prozent geringer. Dadurch entsteht ein kumulativer Effekt: Sollte das Gesetz für 2012 nicht geändert werden, haben die Krankenhäuser nach zwei Jahren statt einem Sanierungsbeitrag von 1,1 Milliarden fast 2 Milliarden Euro für das System erbracht. Wir haben somit den Betrag, den wir nächstes Jahr leisten müssen, schon in diesem Jahr gespart. Wir appellieren an die Politik, diesen Zusammenhang zu sehen. Denn im nächsten Jahr kommen auf die Krankenhäuser flächendeckend neue Tarifabschlüsse zu. Tarifabschlüsse erfolgen im Moment im Zeitgeist der Hochkonjunktur. Wir aber haben Vergütungszuwächse, die damit überhaupt nicht in Übereinstimmung zu bringen sind. Wenn der Marburger Bund im Herbst neue Tarife für die Ärzte in den Krankenhäusern verhandelt hat und wir erahnen können, welche Personalkostensteigerungen im TVöD-Bereich insgesamt für 2012 zu erwarten sind, dann muss im Versorgungsgesetz auch das Finanzierungsproblem der Krankenhäuser aufgearbeitet werden. Denn es ist vollkommen richtig: Die Finanzierung bestimmt natürlich auch die Sicherung der Versorgung. Und ich lese sehr gerne in Koalitionsvereinbarungen, dass das Problem Ärztemangel, Attraktivität der Berufe, Attraktivität der Pflege auch mit den Vergütungen zusammenhängt. Nur muss die Politik auch konsequent sein und darf den Mitarbeitern im Gesundheitswesen nicht höhere Vergütungen versprechen, aber den Geldstrom in die Krankenhäuser gleichzeitig mager halten. Ansonsten laufen wir Gefahr, dass die Kosten-Erlös-Schere wieder auf geht und dass die Berufe im Gesundheitswesen und in den Krankenhäusern – in den Pflegeheimen haben wird das längst – unattraktiv werden.

Dabei haben unsere Häuser ohnehin große Herausforderungen zu bestehen. Es geht im Wesentlichen um Druck, den wir haben. Wir müssen zukunftsgerichtet Personal sichern im Pflegebereich genauso wie im ärztlichen Bereich. Krankenhäuser leiden regelmäßig darunter, dass die Investitionsausstattung nicht so ist wie sie sein sollte – sie ist mindestens 50 Prozent zu gering. 2,8 Milliarden Euro Investitionen werden gezahlt. Fünf Milliarden Euro würden mindestens gebraucht werden. Wir haben weiter permanenten Kostendruck, permanenten Qualitätsdruck, intensiven Wettbewerbsdruck – 17 Millionen Patienten können aus 2.000 Krankenhäusern wählen. Wir haben permanenten Innovationsdruck, der aus der Medizin kommt und der im Krankenhaus natürlich aufgenommen werden muss. Zu allerletzt dann aber auch noch der permanente MDK-Druck. Zehn Prozent aller Krankenhausfälle werden über computergesteuerte Prüfverfahren unter Zahlungsvorbehalt gestellt. Das sind die Realitäten der Krankenhäuser, die man mit im Blick haben muss.

Wir sagen: Versorgung sicherstellen erfordert mehr Ärzte. Es ist einfach so, dass eine bestimmte Quote der Studenten am Ende nicht in die Medizin geht. Wir müssen aber auch die vorhandenen Personalpotenziale besser nutzen. Hier könnte man viele Stichworte nennen; zum Beispiel die europäische Arbeitszeitrichtlinie, die vorschreibt, dass die nicht aktive Zeit auf die 48 Stundenwoche angerechnet wird. Dadurch wird ein hochqualifizierter Beruf verknappt. Ein Großteil der neu eingestellten Ärzte in Krankenhäusern ist der Umverteilung der Arbeit geschuldet. Andere Länder machen das höchst unterschiedlich. In Frankreich fallen die Ärzte in Weiterbildung nicht unter die Arbeitszeitrichtlinie. Sie machen bei uns 50 Prozent der Krankenhausärzte aus. Das heißt, wir haben Hemmnisse, an die auch herangegangen werden muss, wenn Personalknappheit überwunden und Personalressourcen erschlossen werden müssen.

Ansonsten hat Herr Müller schon darauf hingewiesen: Wir haben nach wir vor quasi Arbeitshemmnisse durch Entzug von Vergütungen. Der zusätzliche Patient wird nicht bezahlt. In den Krankenhäusern haben wir mit den Mehrleistungsabschlägen eine ähnliche Situation. Allerdings ist dies nicht ganz so krass wie im Regelleistungsvolumen. Ein niedergelassener Arzt, der Bedarf für einen zusätzlichen Kollegen hätte, den aber gar nicht einstellen darf, weil die vertragsärztliche Bedarfsplanung in dieser Praxis keinen freien Platz für einen zusätzlichen Arzt ausweist. Das sind Steuerungsmechanismen, die alle auf den Prüfstand müssen.

Aber es sind eben auch die Synergieeffekte zu nutzen, die wir in den Systemen haben. Sie finden sich an der Stelle ambulant-stationärer Leistungen und in integrierten Versorgungen. All das sind Themen, die angesprochen werden müssen, um die Versorgung sicherzustellen. Die Krankenhäuser sind bekanntermaßen auch in der ambulanten Versorgung tätig. Weit mehr als es vielleicht den Eindruck hat, aber natürlich in relativ geringem Umfang gemessen am Volumen der stationären Leistungen. Das Statistische Bundesamt hat in der letzten Kostenstatistik für 2009 75 Milliarden Euro Krankenhauskosten ausgewiesen. Etwa 3,5 Milliarden Euro davon entfallen auf den ambulanten Bereich. Die Kernzuständigkeit der Krankenhäuser liegt natürlich in der stationären Versorgung. Im Rahmen des Versorgungsgesetzes reden wir über die Sicherstellung der <u>ambulanten</u> medizinischen Versorgung, es redet niemand über die Sicherstellung der <u>stationären</u> Versorgung. Das ist eben der Punkt, den ich bei der Vergütung angesprochen habe und der hoffentlich im Laufe des Gesetzgebungsverfahrens noch mit aufgenommen wird. Aber bei der Sicherstellung der ambulanten Versorgung darf natürlich das ambulante Potenzial, das die Krankenhäuser heute schon mitbringen und das sie perspektivisch mit einbringen können, nicht unberücksichtigt bleiben.

Warum es sinnvoll ist, Krankenhäuser an der ambulanten Versorgung zu beteiligen, bedarf eigentlich keiner weiteren Erläuterung. Wenn über Abbau und Verhinderung von Unterversorgung in der Fläche gesprochen wird, muss daran erinnert werden, dass Krankenhäuser in der Fläche mit einer medizinischen Vollausstattung hinsichtlich diagnostischer Möglichkeiten, Facharztverfügbarkeit usw. vorhanden sind. Die Krankenhäuser sind schon da und bieten medizinische

Versorgung aus einem Guss". Krankenhäuser können einen wichtigen Beitrag bei der Überwindung des Ärztemangels leisten. Sie sind wichtigster Träger der gesamten ärztlichen Aus- und Weiterbildung. Insofern gibt es viele Gründe, Krankenhäuser mit in die Diskussion zu nehmen – auch hinsichtlich ihres ambulanten Potenzials.

Die DKG hat ein eigenes Konzept für die Diskussion um das Versorgungsgesetz entwickelt. Auch wir schlagen eine neue Gliederung der ambulanten Versorgung vor. Einerseits die klassische hausärztliche Versorgung und die klassische fachärztliche Versorgung, auf der anderen Seite die spezialärztliche Versorgung. Herr Müller hat freundlicherweise „krankenhausnahe spezialärztliche Versorgung" gesagt. Er hat diesen Bereich damit zwar noch nicht an uns abgegeben, aber immerhin schon dorthin platziert, wo er eigentlich hingehört. Über all dem steht die Diskussion über die Bedarfsplanung und Zulassungsreglementierung. Wir wollen ein Unterversorgungsproblem regeln, streiten uns aber mehr darum, wer zugelassen wird und mitmachen darf. Ich war dabei, als 1991 in Lahnstein die vertragsärztliche Bedarfsplanung eingeführt wurde. Sie wurde eingeführt, um der Ärzteschwemme Herr zu werden. Jetzt, da wir die Ärztenot haben, soll sie vertieft und verfestigt werden. Das erscheint mir zumindest in einer historischen Linie nicht logisch, aber in der Sache natürlich nachvollziehbar. Herr Staatssekretär, es wäre liberal auf die Bedarfsplanung mit Zulassungsverboten zu verzichten. Ich bin fest davon überzeugt, in den überversorgten Gebieten würde es zu keinen weiteren Praxisansiedlungen kommen, wenn wir das Feld öffnen. Denn in diesen Gebieten würde niemand mehr eine Praxis für 300.000 oder 500.000 Euro kaufen, wenn er wüsste, morgen würde noch jemand eine Praxis kaufen und vielleicht übermorgen noch jemand. Derjenige, der 300.000 Euro investiert, würde dort hingehen, wo er sicher ist ausreichend Umsatz zu machen. Das heißt, über die Aufgabe der Bedarfsplanung würde man ein Überlaufmodell zur Wirkung kommen. Aber ich weiß natürlich: Das ist sehr schwierig, weil es in Vermögenspositionen der bestehenden Einrichtungen eingreifen würde. Bei Aufhebung der Bedarfsplanung würde der Verkaufswert der Praxen sehr stark gemindert werden. Spätestens an dieser Stelle bekomme ich als Krankenhausvertreter immer gesagt: Wir wollten die Krankenhausplanung beim Land und damit unter staatlicher Sicherung belassen. Auch den Wettbewerbsschutz wollten wir behalten. Das ist zunächst nachvollziehbar argumentiert. Aber ich denke, hier gibt es einen riesigen Unterschied im Stellenwert der Krankenhäuser für die medizinische Daseinsvorsorge. Gleichwohl nehme ich diese Diskussion ernst. So haben wir unseren Frieden damit gefunden, dass es wahrscheinlich nicht zu umgehen ist, an der vertragsärztlichen Bedarfsplanung im niedergelassenen Bereich – zumindest in der haus- und fachärztlichen Versorgung – festzuhalten. Aber: Sie muss reformiert werden, sie muss kleinräumiger werden, um auf die Probleme, die bereits angesprochen wurden, besser reagieren zu können. Weil die Krankenhäuser auch Sicherstellungsaufträge in den Kommunen haben, würde es zudem nicht schaden, wenn ein Bürgermeister, der einen Bedarf in seiner

Region und in seinem Ort sieht, diesen in das System einbringen kann. Solche Flexibilitäten sollen ja jetzt hergestellt werden.

Die stationäre Versorgung wird von den Ländern geplant. Es ist für uns selbstverständlich, dass die Länder bei der Sicherstellung der ambulanten Versorgung auch eine Rolle spielen müssen. Wir haben die Diskussion um sektorübergreifende Planung positiv aufgenommen. Sektorübergreifend heißt, die ambulanten Potenziale des stationären und ambulanten Sektors zusammenzuführen. Wenn unter sektorübergreifend aber verstanden wird, die stationäre Krankenhausplanung im Plenum des neuen Landesausschusses – in dem Krankenhäuser maximal nur ein Viertel der Stimmen haben – zu organisieren, könnte dies nicht unsere Zustimmung finden.

Wenn überhaupt, kann es nur um die Vermeidung von Unterversorgung in den Bereichen hausärztliche und fachärztliche Versorgung gehen. Wir würden uns wünschen, dass in diesem Spektrum, in dem auch heute schon Krankenhäuser ambulant zugelassen sind, Ermächtigungen mit einbezogen werden und dass sie vor allem auf eine stabile Grundlage gestellt werden. Wir erleben, heute wird ein Krankenhaus ermächtigt, übermorgen wird dem ermächtigten Arzt die Zulassung entzogen oder wird weiter eingeschränkt. Wir würden uns wünschen, dass alles stabiler wird und wir für unsere Krankenhäuser in den KV-Gremien, in denen über Vergütungen und Zulassungen gesprochen wird, auch beteiligt werden.

Ich beobachte eine etwas sonderbare Entwicklung auf Koalitionsebene, die betrifft die Subsidiarität bei der Einbindung der Betroffenen. Uns ist klar: Der Sicherstellungsauftrag liegt im niedergelassenen Bereich bei den KVen. Aber überall dort, wo er nicht realisiert werden kann, sollte die nächste Stufe beim Krankenhaus liegen. In der Koalition scheint man dies anders zu sehen. Obwohl medizinische Kompetenz und Kapazität verfügbar, soll der Sicherstellungsauftrag erst einmal weitergereicht werden an die KV. Eine Körperschaft des öffentlichen Rechts, eine Verwaltungseinheit zur Sicherstellung der Abrechnung der niedergelassenen Ärzte soll plötzlich Betreiber von Praxen werden. Nahe liegender wäre doch zu sagen: Zuerst müssen die Krankenhäuser vor Ort adressiert werden. Aber ich will gar nicht zu viel dafür werben, denn es erscheint der Eindruck, die Krankenhäuser hätten beliebige Kapazitäten und könnten alles ausfüllen. Wir haben auch 5.000 bis 6.000 fehlende Ärzte, aber es geht hier um die Ordnungspolitik und um die Systematik. Daher würde ich mir wünschen, in der Abstufung komme man zu einem anderen Ergebnis.

Kommen wir zur spezialärztlichen Versorgung. Dazu zählen wir in unserem Konzept auch ambulante Operationen. Sie war anfangs als Vertragsleistung der einzelnen Kasse ausgelegt und nicht zustande gekommen wegen der Hemmnisse aus der Gesamtvergütung. Die spezialärztliche Versorgung ist für Krankenhäuser deshalb wichtig, weil sie mit der medizinischen Entwicklung zu tun hat. Viele Leistungen gehen in ambulante Versorgungen über, deshalb müssen diese Leistungen krankenhausnah bleiben. Sie sind mit dem Krankenhaus inhaltlich verbunden. Würden diese Leistungen von heute auf morgen dem Krankenhaus nicht mehr zugänglich sein, hätte dies gravierende Auswirkungen nicht nur auf Versorgungsinhalte, sondern natürlich auch auf Weiterbildungsmöglichkeiten. Es gibt also einen inhaltlichen Grund. Es gibt aber auch das Bedürfnis der Patienten nach § 116b-Leistungen. Der Krebspatient, der operiert wird, der eine Strahlentherapie braucht, der eine onkologische medikamentöse Therapie braucht, der am Ende aber auch auf der Palliativstation des Krankenhauses stirbt. Er hat das Bedürfnis, Versorgung aus einem Guss zu erhalten.

Hier wünschen wir uns, die Politik komme zu dem Ergebnis, dass diese Versorgung sich nicht für die Bedarfsplanung eignet. Sie hat nichts mit der vertragsärztlichen Bedarfsplanung zu tun, weil diese am Facharzt nach der Weiterbildungsordnung orientiert ist. Bei der spezialärztlichen Versorgung steht ein medizinisches Leistungspaket, ein interdisziplinär zu erbringendes Leistungsbündel im Mittelpunkt und dieses Leistungsbündel lässt sich nicht in die Systematik von Verhältniszahlen und Bedarfsplanung einordnen. Hier geht es darum, dieses Bündel ans Netz gehen zu lassen für die Patienten, die diese Leistungen brauchen. Deshalb ist es weise, dass man auch in der Koalition dabei ist, diesen Bereich nicht über die vertragsärztliche Bedarfsplanung und über Zulassungszahlen zu steuern.

Voraussetzung für die Leistungserbringung in der spezialärztlichen Versorgung sind einheitliche Qualitätsanforderungen. Eine gemeinsame Definition der Qualitätsvoraussetzungen erfolgt durch den Gemeinsamen Bundesausschuss. Ich bin Mitglied im Gemeinsamen Budesausschuss. Ich finde es jedes Mal toll: Wir diskutieren über Wettbewerbsverzerrung durch Krankenhäuser und über unterschiedliche Qualitätsanforderungen, Mindestmengen. Wo werden die Mindestmengen für niedergelassene Ärzte festgelegt? Nicht im Gemeinsamen Bundesausschuss, sondern im Bundesmantelvertrag. An den Vereinbarungen sind die Krankenhäuser gar nicht beteiligt, sollen aber die Mindestmengen eins zu eins für Krankenhäuser übernehmen. Ein weiterer Punkt ist der sogenannte Facharztstandard, der mit Verweis auf den Bundesmantelvertrag für das Krankenhaus gefordert wird. Das Krankenhaus arbeitet aber bewusst mit Assistenzärzten, die es ausbilden muss. Insofern müssen wir Qualität gemeinsam im G-BA definieren. Das heißt § 135 SGB V, der sämtliche Qualitätssicherungsmaßnahmen der niedergelassenen Ärzte außerhalb des G-BA organisiert, muss auf die Plattform des G-BA. Gleichlange Spieße bei Qualitätssicherung höre ich gerne, dazu müssen aber solche Sonderregelungen beendet werden.

Wichtig sind die gleichen Bedingungen: Niedergelassene Fachpraxen sollen sich genauso frei zulassen können wie Krankenhäuser. Sie haben die gleichen Qualitätsvoraussetzungen zu erfüllen. Wir vereinbaren eine gemeinsame Vergütung mit den Krankenkassen losgelöst von Regelleistungsvolumen und dergleichen. Es geht insbesondere auch um die Behandlung von Krebspatienten und andere schwere Erkrankungen. Die Möglichkeiten, jenseits der engen Linie der G-BA- und Leitlinienanforderungen sehr viel mehr zu machen, sind begrenzt. An der

Stelle kann guten Gewissens von Leistungsrestriktionen abgesehen werden. Bedarf für eine Planung der spezialärztlichen Versorgung würde ich nicht sehen, allerhöchstens für die Erarbeitung gemeinsamer Versorgungsanalysen, um Hinweise auf Versorgungsbedarfe zu geben, aber nicht um das Ganze über eine bedarfsärztliche Planung zu steuern.

Erfreulicherweise hat das Ministerium im Dialog mit den Ländern diese Position eingenommen. Wir begrüßen das sehr. Wir sehen allerdings mit Sorge, dass an einigen Stellen wieder zurückgerudert wird. Der Katalog der Leistungen, der den Patienten am Krankenhaus zugänglich sein soll, soll vom Gemeinsamen Bundesausschuss auf die ganz schweren Fälle zurückgestuft werden. Wir sehen mit Sorge, dass es einen verschärften Überweisungsvorbehalt geben soll. Das sind Begleitbedingungen, über die noch zu reden ist. Man muss auch über die Fehleinschätzung reden, die Krankenhäuser würden Vorteile aus der Investitionsfinanzierung ziehen und müssen deshalb bei § 116b-Leistungen zusätzlich einen Investitionsabschlag von der EBM-Vergütung hinnehmen.

Die Krankenhäuser sind im Rahmen des Versorgungsgesetzes auch mit anderen Themen unterwegs: Die Krankenhäuser tragen maßgeblich die Notfallversorgung am Wochenende. Daher brauchen wir den gesetzlichen Sicherstellungsauftrag, der das abbildet. Wir haben Probleme in der belegärztlichen Versorgung. Wir haben zwar freie Vertragsbelegärzte, aber sobald Krankenhäuser auf der Grundlage arbeiten wollen, wird die Hauptabteilungsfallpauschale um 20 Prozent gekürzt. Damit entfällt der Arztfestanteil. Das Problem ist regelmäßig Gegenstand im Bundesrat. Ich hoffe daher, dass die Regelung zumindest korrigiert wird. Ansonsten führen wir eine leidenschaftliche MVZ-Diskussion. Sie ist wirklich leidenschaftlich zu führen, weil die Krankenhäuser eben an dieser Stelle, das muss man immer sagen, Kassenärzte sind. Sie arbeiten voll nach Kassenarztrecht. Einige in der Ärzteschaft haben nun die These gebildet: Immer dann, wenn Krankenhäuser nach Kassenarztrecht arbeiten, sind sie Gewinn maximierend unterwegs. Wenn aber ein niedergelassener Arzt eine Steuererklärung abgibt und hofft, dass die Kosten und die Erlöse so weit wie möglich auseinander liegen, ist er ganz anders unterwegs und quasi heilig.

Ich frage Sie wirklich, meine Damen und Herren: Wenn Krankenhäuser ein Drittel des GKV-Volumens zur Versorgung schwerstkranker Menschen unter den Bedingungen von Krankenhausunternehmen – seien es frei-gemeinnützige, private oder öffentliche Unternehmen – einsetzen und dabei ehrlich und moralisch hochwertig agieren, warum sollen sie bei den wenigen MVZ plötzlich einen anderen Maßstab anlegen? Deshalb mein dringender Appell: Dieser Versuch, den Krankenhäusern nur einen 49 Prozent-Anteil zu geben, ist krampfhaft und künstlich. Er führt nur dazu, dass Beziehungen zwischen dem Krankenhaus und dem niedergelassenen Arzt verkompliziert werden. Wenn z. B. die Buchhaltung für ein MVZ vom Krankenhaus als Dienstleistung erbracht wird, müsste in Zukunft Mehrwertsteuer bezahlt werden. Das heißt, es kommt zu einer Verteuerung des Gesundheitswesens. Das Beziehungsgeflecht – ein MVZ in Zusammenarbeit mit dem Krankenhaus – lebt auch bei 30 Prozent, das lebt auch bei Integrationsverträgen. Und dass jedes MVZ unter ärztlicher Leitung steht, ist in der Medizin selbstverständlich. Definitionsgemäß steht auch jedes Krankenhaus unter ärztlicher Leitung

Hier im Kollegenkreis der Kassen wollte ich noch kurz unsere doch etwas andere Meinung zu Selektivverträgen und Wettbewerb vortragen. Gemeint ist aber wohl ein anderer Aspekt des Wettbewerbs: Krankenhäuser sollen zu Bittstellern um Zulassungen gemacht werden, wenn einzelne Krankenkassen Zulassungen für die Berechtigung zur Leistungserbringung aussprechen dürfen. Sie stehen damit untereinander im Wettbewerb um die Zulassung. Die Krankenkassen stehen untereinander im Wettbewerb beim Unterbieten von Vergütungen. Die Politik hat aber nun gut begrünet beschlossen, dass der Zahnarzt im Rahmen der GOZ nicht von der privaten Krankenversicherung zu Unterbietungspreisen heimgesucht werden soll. Das unterstreichen wir voll. Das muss erst recht für den Kernbereich der Medizin, für das deutsche Krankenhauswesen, gelten. Die Abdingung von Fallpauschalen sollte nicht möglich sein.

Auswirkungen des GKV-Finanzierungsgesetzes auf die Sicherstellung der ärztlichen Versorgung. Die Position der Krankenkassen

Von Manfred Partsch[*]

Sehr geehrter Herr Professor Pitschas,

meine sehr verehrten Damen und Herren,

ich bedanke mich sehr für die Gelegenheit, bei den Speyerer Gesundheitstagen aus Sicht der Krankenversicherung Stellung zu nehmen. Ich glaube nach dem, was bislang vorgetragen wurde, ist es durchaus wichtig, dass die Kassenseite ihre Position einbringt. Denn sonst entsteht allmählich der Eindruck, es gäbe hier eine große Koalition aus Leistungserbringern und Politik und man sei sich einig, möglichst viel Geld auszugeben, um noch mehr Versorgungsleistungen an den Mann zu bringen. Wer das finanziert, scheint in den bisher vorgetragenen Überlegungen kaum eine Rolle zu spielen. Die Arbeitgeber sind schon außen vor und die Versicherten werden die höheren Ausgaben irgendwie über Zusatzbeiträge auffangen müssen. Ihnen wird man dann erklären, es gehe halt nicht anders. Will man von den Fortschritten der Medizin profitieren, dann ist das eben teuer und man muss immer mehr und immer tiefer in die Tasche greifen. Das ist scheinbar das Konzept, mit dem die weitere Gesundheitspolitik betrieben werden soll.

Ich will mich zunächst vorstellen, da ich bisher noch nicht Gast war hier in Speyer und Sie mich daher auch noch nicht kennen. Ich komme vom GKV-Spitzenverband. Ich bin dort Abteilungsleiter für den Bereich der ambulanten Versorgung. Das ist der Bereich, der sich mit den Ärzten und Zahnärzten befasst. Wir verhandeln auf der Bundesebene mit der Kassenärztlichen Bundesvereinigung, wir wirken mit im Bewertungsausschuss und natürlich auch im Gemeinsamen Bundesausschuss. Wir regeln die Bedarfsplanung und all diese unangenehmen Dinge, die auf Landesebene nicht immer verstanden und akzeptiert werden und die – so habe ich gehört – am besten durch Landesregeln abgelöst werden sollen. Ob das am Ende die Beteiligten glücklich macht, das möchte ich bezweifeln. Aber wir können uns gerne einmal ansehen, ob es die Landesebene besser hinbekommt als die Bundesebene. Sie ist dann aber auch selbst verantwortlich für die Ergebnisse.

Ich habe etwas Schwierigkeiten gehabt, mich mit dem Thema, das mir gestellt wurde, anzufreunden: „Das GKV-Finanzierungsgesetz und seine Auswirkungen

---

[*] Die Vortragsform wurde beibehalten. Es gilt das gesprochene Wort.

auf die ambulante Versorgung". Es ist auch mir nicht gelungen, diese Auswirkungen einfach deutlich zu machen. Denn wir haben es bei dem GKV-Finanzierungsgesetz mit einem Gesetz zu tun, das zur Versorgung eigentlich nichts regelt, sondern es beschreibt tatsächlich nur die Finanzierungsseite. Es verpflichtet im Grunde die Versicherten über höhere Beiträge zusätzliche Ausgaben des Gesundheitswesens im Jahr 2011 zu tragen. Die Versicherten werden dabei kräftig zur Kasse gebeten, aber die Versorgung ist davon nicht wirklich beeinflusst. Sie findet statt wie bisher. Sie hätte auch stattgefunden, wenn es die Ausgabensteigerungen, für das Jahr 2011 nicht gegeben hätte. Es hätte stattdessen eine Ausgabenbegrenzung geben müssen. Die wäre auch vertretbar gewesen, weil wir in den letzten Jahren bereits unverhältnismäßige Ausgabensteigerungen verzeichnet haben. Man hätte daher guten Gewissens eine Nullrunde für das Jahr 2011 vorsehen können, aber politisch hat das nicht gepasst. Daher hat man sich entschieden, die Versicherten für weitere Ausgabensteigerungen in Anspruch zu nehmen. Ich glaube, es wird so weiter gehen. Das System wird jetzt künftig über die Zusatzbeiträge weiterentwickelt werden. Die Politik wird sich jedoch fragen müssen, wie lange es gut gehen kann, wenn man völlig auf die Steuerung der Ausgabenentwicklung verzichtet und sich statt dessen darauf verlässt, dass die Versicherten immer weiter steigende Ausgaben, denen keine Verbesserung der Versorgung entspricht, über Zusatzbeiträge finanzieren. Das ist, glaube ich, eine Frage, die am Ende in den Wahlen entschieden wird.

Ich will zu Beginn meines Vortrages einen Blick in die Geschichte des Kassenarztrechts werfen und ein Zitat anführen. Wir haben vorher gehört, sowohl von Herrn Baum und ich glaube auch von Herrn Bahr, dass wir seit Anfang der 90er-Jahre die Bedarfsplanung kennen. Sie ist aber in Wirklichkeit viel älter, das zeigt dieses Zitat.[1] Ich weiß nicht, ob Sie eine Vorstellung haben, aus welcher Zeit diese Regelung stammen könnte. Es ist eher etwas für Historiker, die sich schon einmal mit dem Kassenarztrecht und seiner Geschichte befasst haben. Diese Regelung stammt aus dem Jahre 1931 aus einer Notverordnung der damaligen Regierung.[2] Der Reichspräsident hat mit dieser Verordnung nicht nur diese Regelung geschaffen, er hat auch die Kassenärztlichen Vereinigungen ins Leben gerufen. Was ich sagen will: Bereits zu Beginn der Entstehung der Kassenärztlichen Vereinigungen vor rund 80 Jahren hat man sich Gedanken darüber gemacht, wie man die Zahl der Ärzte begrenzen und wie man die Krankenkassen vor Belastungen, die durch einen ungesteuerten Anstieg der Ärztezahl entstehen können, schützen kann. Daraufhin hat man bereits 1931 diese Regelung getroffen: Es gab begrenzte Zulassungen. Es wurden nur so viele Ärzte zugelassen, dass auf je 600 Versicherte in einem Zulassungsbezirk ein Arzt entfällt. Damals musste man noch nicht differenzieren zwischen den verschiedenen Ärzten und

---

1 „(1) Die Zulassung zur kassenärztlichen Tätigkeit erfolgt für örtliche Bezirke (Zulassungsbezirke).
2 Vierte Verordnung des Reichspräsidenten zur Sicherung von Wirtschaft und Finanzen und zum Schutze des Inneren Friedens vom 08. Dezember 1931, RGBl. Teil I S.699.

Arztrichtungen, die wir heute kennen. Über 40 unterschiedliche Fachgebiete sind es inzwischen, von denen aber nicht alle in die Bedarfsplanung fallen. Damals genügte es, von einem Arzt zu sprechen; es waren wahrscheinlich praktische Ärzte. Was ich sehr interessant finde: Man findet in dieser Verordnung von 1931 auch eine Regelung, wie man die Überversorgung abbauen kann. Waren in einem Zulassungsbezirk mehr Ärzte zugelassen als dies der Verhältniszahl von einem Arzt je 600 Versicherten entspricht, dann durfte nur noch jede dritte frei werdende Stellen wieder besetzt werden, bis dieser Wert erreicht ist. Damit baut man sehr wirksam Überversorgung ab. Das ist eine Regelung, die man sich heute noch einmal ansehen sollte und die vielleicht geeignet wäre, unsere aktuellen Probleme durch Überversorgung zu lösen. Wie man sieht: Alles ist schon da gewesen; man muss eigentlich nur in die Geschichte schauen. Man findet Lösungen für aktuelle Probleme sogar in diesen alten Regelungen, die inzwischen schon 80 Jahre alt sind. Das aber nur zum Einstieg, um ein interessantes Dokument aus der Geschichte des Kassenarztrechts vorzustellen.

Ich möchte etwas zum Bereich der ambulanten Versorgung sagen und zu den Diskussionen, die zurzeit stattfinden. Wir haben die Standpunkte der Deutschen Krankenhausgesellschaft und der Kassenärztlichen Bundesvereinigung bereits gehört. Es geht jetzt darum, auch die Vorschläge des GKV-Spitzenverbandes zur Kenntnis zu bringen. Ich will zunächst deutlich machen, dass es durchaus viele Gemeinsamkeiten in dieser Diskussion gibt. Es gibt eine gemeinsame Überzeugung, dass die Bedarfsplanung an veränderte Verhältnisse angepasst werden muss. Daneben haben wir Steuerungsprobleme, die wir mit den derzeitigen Instrumenten nicht befriedigend lösen können. Das sind so genannte Allokationsprobleme: Die Verteilung der Ärzte zwischen den Regionen ist nicht optimal und ausgewogen. Wir haben Regionen mit hoher Überversorgung, aber auch Regionen mit einer schlechteren Versorgung und mit einer nicht ausreichenden Zahl von Ärzten in einigen Bereichen. Es gibt Übereinstimmungen, dass man in der Weiterentwicklung der Bedarfsplanung die demografische Entwicklung stärker berücksichtigen und Veränderungen der Versorgungsansprüche der Versicherten beachten muss. Wenn die Menschen älter werden, dann ändert sich der Bedarf an ärztlichen Leistungen. Die Bedarfsplanung muss dem Rechnung tragen. Wir haben besondere Probleme im ländlichen Bereich. Wir wissen, dass sich das Berufsbild der Ärzte ändert. Es kommt eine neue Generation an Ärzten nach, die andere Erwartungen an ihren Beruf hat, die nicht mehr bereit ist, rund um die Uhr in der Versorgung zu sein und die ihren Beruf mit familiären Erwartungen und Pflichten vereinbaren will. Das ist in Ordnung, dem muss aber auch Rechnung getragen werden. Wir müssen Veränderungen in der Organisation der Praxen berücksichtigen. Wir brauchen nicht mehr nur den freiberuflichen Arzt in der Einzelpraxis, wir brauchen ebenso andere Möglichkeiten der Anstellung von Ärzten, die flexiblere Formen der Berufsausübung zu lassen.

Wir haben Probleme im Sektorenübergang an der Schnittstelle von ambulant und stationär. Generell steht die Bedarfsplanung vor dem Problem, dass die

Verhältniszahlen inzwischen veraltet sind. Es ist unstrittig, dass sie angepasst werden müssen. Die Differenzierung der Arztgruppen in der Bedarfsplanung ist ebenfalls nicht mehr zeitgemäß. Zum Beispiel ist die Gruppe der Nervenärzte inzwischen aufgeteilt in zwei Untergruppen. Es gibt die Neurologen auf der einen und die Psychiater auf der anderen Seite. Sie gehören in der Planung zur Gruppe der Nervenärzte, sind aber völlig unterschiedlich ausgerichtet in ihrer Tätigkeit. Es macht daher keinen Sinn, sie in einer Gruppe zu planen und zu sagen, es gibt einen Neurologen und wir lassen deshalb keinen Psychiater mehr zu. Sie erbringen unterschiedliche Leistungen und das muss die Bedarfsplanung berücksichtigen.

Auch die Planungsgrenzen müssen überprüft werden. Sie müssen für die Hausarztversorgung wahrscheinlich viel kleiner zugeschnitten werden als es heute der Fall ist - ohne dabei die kleinteilige Bedarfsplanung der KBV zu übernehmen, Hier ist eine Anpassung erforderlich. Umgekehrt kann man bei spezialisierten Ärzten von größeren Regionen ausgehen. Es ist nicht erforderlich, in jeder Stadt oder in jedem kleineren Ort einen Spezialisten vorzuhalten. Als zentrales Problem der Niederlassungssteuerung sehen wir, dass sie bisher keine wirksamen Instrumente zum Abbau von Überversorgung vorsieht. Das ist ein ganz wichtiger Punkt, da der Nichtabbau von Überversorgung auch zu den Unterversorgungsproblemen beiträgt. Wir werden das Problem der Unterversorgung nicht lösen können, wenn wir uns nicht auch mit der Überversorgung beschäftigen. Die Politik spricht gerne nur von Unterversorgung und begründet damit viele Maßnahmen, die sie auf den Weg bringen will. Aber das eigentliche Problem ist die Überversorgung, die maßgeblich zur Unterversorgung in anderen Regionen beiträgt. Wenn wir das Verteilungsproblem nicht in den Griff bekommen, werden wir auch die Unterversorgungsprobleme, die perspektivisch drohen, nicht lösen können.

Damit komme ich zum ersten Problem und Gegensatz. In der öffentlichen Diskussion wird der Eindruck vermittelt, wir stünden vor einem dramatischen Mangel an Ärzten. Aus Kassensicht ist das nicht zutreffend. Im Gegenteil: Wir hatten noch nie so viele Ärzte in Deutschland, wie wir zurzeit vorfinden, und das gilt für den ambulanten wie für den stationären Bereich gleichermaßen. Die Zahl dieser Ärzte wächst Jahr für Jahr. Aber wir müssen dennoch eine Diskussion führen über einen dramatischen Mangel an Ärzten. Es ist nicht nachvollziehbar, was hier zurzeit vorgetragen wird. Das widerspricht völlig der Realität und es ist erstaunlich, dass sich eine solche Diskussion festsetzen kann und dass sich inzwischen die Meinung verbreitet hat, es gebe einen dramatischen Arztmangel. Die Zahlen sprechen eine ganz andere Sprache. Wir haben nach den gültigen Bedarfsplanungskriterien – über die kann man streiten, die mögen veraltet sein – 25.000 Ärzte zu viel und nur 800 Ärzte zu wenig. Das ist das Ergebnis der derzeitigen Bedarfsplanung. Das sind Zahlen, die lassen sich nicht bestreiten, die kann man auch belegen. Sie sind nicht aus der Luft gegriffen, sie sind keine Erfindung des GKV-Spitzenverbandes. Die Unterversorgung ist eine Vorstellung, die eher aus politischen Gründen vorgetragen wird als dass sie einen realen Hintergrund hätte.

Ein wesentliches Problem sind die Doppelstrukturen in der spezialisierten Versorgung. In diesem Bereich gibt es ein Nebeneinander von Vertragsärzten und von Krankenhäusern, die meinen, mit einsteigen zu müssen, weil das ein wachsender Markt ist. Hier haben wir inzwischen eine Konkurrenz von Anbietern, die zu einem wachsenden Angebot von Leistungen führt und damit natürlich zu einer enormen Ausweitung an Leistungen. Dadurch werden Mittel und auch ärztliche Kapazitäten gebunden, die in anderen Regionen oder Versorgungsbereichen fehlen. Das ist die Schwierigkeit, mit der wir zu tun haben. Wenn wir es zulassen, dass immer mehr Mittel in den spezialisierten Bereich und in die überversorgten Regionen abfließen, dann wird das Geld irgendwann dort fehlen, wo es wirklich benötigt wird, nämlich in der Grundversorgung der Menschen auf dem Lande.

Der Anstieg der Zahl der Ärzte lässt sich belegen und nachvollziehen. Die Zahlen zum Anstieg können Sie bei der Kassenärztlichen Bundesvereinigung finden, sie wurden aus dem Bundesarztregister übernommen. Die Zahl der ambulant tätigen Ärzte wächst Jahr für Jahr. Wir haben seit 1990 einen Anstieg um über 50 Prozent. Es spricht nichts dagegen, dass es in den nächsten Jahren anders sein wird. Aber wir haben nun schon seit zehn Jahren diese Diskussion über einen dramatischen Ärztemangel. Es sind echte Zahlen, die das widerlegen und die zeigen, wie weit sich die Diskussion von der Realität entfernt hat. Im fachärztlichen Bereich besteht eine fast flächendeckende Überversorgung. Wir haben in der Regel über 90 Prozent aller Planungsbereiche gesperrt, weil es keinen Bedarf mehr an zusätzlichen Ärzten in diesen Regionen gibt. Der Fachärztebereich ist in diesem Sinne vollständig überversorgt. Wir haben lediglich bei Augenärzten noch einige offene Planungsbereiche.

Es gibt insgesamt rund 400 Planungsgebiete und nur in wenigen besteht wegen dieser ausgeprägten Überversorgung überhaupt noch die Möglichkeit der Niederlassung. Auch im hausärztlichen Bereich gibt es in jedem zweiten Planungsbezirk eine Überversorgung. In den anderen Planungsgebieten können wir weder von Überversorgung noch von Unterversorgung bei Hausärzten sprechen; dort gibt es eine durchschnittliche Versorgungsintensität. Im süddeutschen Raum und in Westdeutschland haben wir eine deutliche Überversorgung mit Hausärzten. Es gibt große Regionen mit durchschnittlicher Versorgung, das heißt es besteht ein Versorgungsgrad zwischen 75 Prozent und 110 Prozent. Das bedeutet weder Über- noch Unterversorgung. Es gibt einen einzigen mit Hausärzten unterversorgten Bezirk in Sachsen-Anhalt. Dort gibt es tatsächlich den Zahlen nach zu wenige Hausärzte. Auch bei den Augenärzten besteht nur in wenigen Bereichen keine Überversorgung. Lediglich in etwa 15 v.H. der Planungsbereiche sind noch Zulassungen für Augenärzte möglich. Auch hier finden wir nur eine einzige nach den Zahlen der Bedarfsplanung unterversorgte Region. Bei den Chirurgen ist im Grunde das ganze Bundesgebiet für zusätzliche Niederlassungen gesperrt. Hier kann überhaupt nur noch durch Nachbesetzung, also durch Übernahme frei werdender Chirurgenpraxen, ein Chirurg neu in die Versorgung kommen. Lediglich zwei Regionen in Ostfriesland und in Baden-Württemberg sind nicht wegen Überversorgung gesperrt.

Herr Müller hat davon gesprochen, die KBV habe eine sehr detaillierte, kleinräumige Bedarfsplanung entwickelt, die soweit geht, dass dem Arzt am Ende selbst der Praxissitz sehr genau vorgegeben wird. Das ist aus unserer Sicht ein planwirtschaftlicher „Overkill". Ein solches Konzept wird man wohl rechtlich und politisch nicht durchsetzen können, auch wenn es einen rationalen Kern hat. Das Konzept wurde aus einem Programm heraus entwickelt, mit dem man die Standorte von Einkaufszentren optimal bestimmen kann. Man schaut, wie viele Menschen an einem Ort leben, wie viel Nachfrage dort besteht und wie die Verkehrsanbindungen sind. Danach kann man entscheiden, ob es sich wirtschaftlich lohnt, ein Einkaufszentrum zu bauen. Dieses Konzept ist Grundlage der Überlegungen der KBV zur ärztlichen Niederlassungssteuerung. Das kann man nach ähnlichen Vorstellungen entwickeln, obwohl natürlich fraglich ist, ob die wirtschaftliche Tragfähigkeit einer Praxis der richtige Indikator ist, um den ärztlichen Versorgungsbedarf der Bevölkerung vor Ort abzubilden. Das Konzept führt am Ende jedenfalls dazu, dass im Grunde der genaue Ort einer Praxis weitgehend festgelegt wird. Das erachten wir für zu weit gehend, für zu weit eingreifend in die Niederlassungsfreiheit und von der Datengrundlage her für etwas problematisch. Wir glauben, das Konzept kann für die Niederlassungsberatung sehr hilfreich sein, aber es kann nicht Grundlage einer Planung sein, die der Gemeinsame Bundesausschuss beschließt.

In der Diskussion befindet sich auch die Rolle der Länder in der Versorgungsplanung. Die Länder fühlen sich inzwischen auch dafür verantwortlich und fordern eine stärkere Mitwirkung. Man muss akzeptieren, dass wir in der Versorgungsplanung stärker auf die Regionen zugehen und dass wir auf regionaler Ebene mehr Spielraum für die Planung schaffen müssen. Die Bundesebene kann das nicht kleinteilig regeln. Das muss wahrscheinlich auf Landesebene entschieden und beraten werden. Wir müssen aber diskutieren, ob es Sinn macht, Beteiligte einzubinden, die zwar eine politische Verantwortung haben, aber keinerlei Finanzierungsverantwortung übernehmen. Es ist aus unserer Sicht ordnungspolitisch nicht sinnvoll, einen solchen Weg zu gehen. Man kann nicht Entscheidungen in die Hand von Politikern legen, die für die finanziellen Folgen dieser Entscheidungen am Ende nicht die Verantwortung übernehmen müssen. Die Versorgung und die Finanzierung müssen in einer Hand liegen. Kassenärztliche Vereinigungen, ggf. noch Krankenhäuser oder Landeskrankenhausgesellschaften auf der einen Seite und die Krankenkassen auf der anderen Seite müssen sich verständigen und einigen.

Die Planung durch die Länder birgt aus unserer Sicht noch ein weiteres Problem. Wenn man der Landesebene diesen Bereich völlig überlässt, besteht die Gefahr, zu bundesweit ganz unterschiedlichen Versorgungssituationen zu kommen, die möglicherweise auch von der finanziellen Situation eines Landes oder der dortigen Kassen sehr stark abhängig sein können. Wir glauben, dass die Versicherten bundesweit eine gleiche Chance auf den Zugang zur ärztlichen Versorgung haben müssen. Diese Chancengleichheit ist eher gewahrt, wenn die Bundesebene einen Rahmen mit Mindeststandards vorgibt, als wenn dies völlig in Länderhoheit liegt. Die Länder sind schon ausreichend mit Planungsaufgaben befasst. Sie sind zuständig für die Krankenhausplanung. Wir haben uns angesehen, welche Ergebnisse diese Planung gezeigt hat, zum Beispiel in der Bettendichte. Die Planung hat zu recht unterschiedlichen Ergebnissen geführt. Wir haben Regionen mit sehr hoher Krankenhausdichte und es gibt trotz oder wegen der Planung viele Regionen mit sehr geringer Krankenhausdichte. Insgesamt ist das nicht unbedingt ein Beleg dafür, dass die Planung durch die Länder zu einer ausgewogenen gleichmäßigen Versorgung führt. Wobei ich einräumen möchte, dass die Krankenhausplanung selbstverständlich besondere Bedingungen beachten muss und dass einige Ergebnisse auch erklärt werden können. Aber insgesamt ist das aus unserer Sicht kein Beleg dafür, dass die Planung durch die Länder zu den besten Ergebnissen geführt hat. Wir haben bereits gehört, dass die Investitionsfinanzierung der Länder nicht so funktioniert, wie man sich es wünscht. Insgesamt haben wir im Augenblick deutliche Überkapazitäten in den Krankenhäusern. Das hängt auch mit der Tendenz der Krankenhäuser zusammen, in die ambulante Versorgung auszuweichen, um auf diesem Wege für ausreichende Auslastung zu sorgen. Die Krankenhäuser haben, das ist deutlich geworden im Vortrag von Herrn Baum, starkes Interesse in den ambulanten Bereich zu expandieren. Das ist ein Markt, der offensichtlich attraktiv ist und der eine strategische Ergänzung zum stationären Bereich bietet. Denn der stationäre Bereich schrumpft, das wissen die Krankenhäuser. Die Verweildauer und die Zahl der Betten sinkt, das lässt sich nicht aufhalten. Die Zahl der Krankenhäuser reduziert sich. Um Arbeitsplätze und Klinikstandorte zu sichern, muss man neue Felder der Betätigung finden. Da bietet sich natürlich der ambulante Bereich an. Allerdings ist der schon gut besetzt, das ist das Problem. Man kann eigentlich nur noch einen Verdrängungswettbewerb mit den dort bereits aktiv tätigen niedergelassenen Ärzten in Gang setzen.

Unser Vorschlag zur Neuregelung der Versorgung sieht eine Differenzierung vor. Das ist nichts ganz Neues, es wurde heute bereits sowohl von Herrn Baum als auch von Herrn Müller thematisiert. Auch wir glauben, dass man trennen muss zwischen den verschiedenen Versorgungsebenen und dass die dazugehörige Planung, zum Beispiel für die ärztliche Primärversorgung – das sind nicht nur Hausärzte, sondern auch bestimmte Fachärzte – anders auszugestalten ist als die Planung für spezialisierte Fachärzte, die sich auf bestimmte Organe oder diagnostische Methoden konzentrieren. Noch einmal anders stellt sich die Situation in der so genannten spezialärztlichen Versorgung dar, bei der es um ambulantes Operieren, um Strahlentherapie oder um sehr anspruchsvolle bzw. technisch sehr aufwendige Versorgungsformen geht. In diesem Bereich, der vor allem die

Leistungen nach § 115b SGB V oder § 116b SGB V – das sind die seltenen Erkrankungen oder besonderen Behandlungsformen, die der Gemeinsame Bundesausschuss festgelegt hat – umfasst, halten wir eine Abstimmung des Versorgungsangebots für zwingend erforderlich. Sie findet heute in keiner Weise statt. Die Krankenhäuser können sich im Grunde ohne Bedarfsprüfung zur ambulanten Versorgung zulassen. Eine Abstimmung mit dem Angebot der Vertragsärzte ist nicht vorgesehen. Das Ergebnis kennen wir: Wir haben bei den ambulanten Operationen zweistellige Zuwachsraten. Zuwachsraten, die so hoch sind, dass man sich fragt, ob das medizinisch noch mit Morbidität erklärt werden kann. Es erschließt sich einfach nicht, warum wir bei den ambulanten Operationen jedes Jahr einen Anstieg um 10 bis 20 Prozent verzeichnen. Ich bestreite, dass das ausschließlich mit der Morbidität und mit dem Bedarf der Versicherten zu tun hat. Ich gehe davon aus, dass das auch angebotsinduzierte Leistungen sind. Je mehr Ärzte in diesem Bereich tätig sind, desto mehr solcher Leistungen werden angeboten. Das hat nichts mehr mit bedarfsgerechter Versorgung zu tun. Das Problem ist: Hier werden möglicherweise Leistungen erbracht, die nicht notwendig sind, die aber mit Risiken für die Versicherten verbunden sein können. Hier werden auch Mittel gebunden, die an anderer Stelle nicht verfügbar sind. Hier wird zudem ärztliche Arbeitskapazität gebunden, die an anderer Stelle nicht verfügbar ist. Deswegen darf man diesen Bereich nicht einfach ungesteuert lassen, so wie Herr Baum es gerne möchte. Das ist nicht die Lösung, denn dann wandern immer mehr der knappen Mittel in diesen Bereich und sie fehlen letztendlich dort, wo sie vielmehr Nutzen stiften könnten, zum Beispiel in der Grundversorgung oder dort, wo es Bedarf gibt oder wo noch keine Überversorgung besteht.

Bei der Weiterentwicklung der Bedarfsplanung geht es um eine Neuausrichtung der Planungsbezirke. Sie sollen sich unterscheiden zwischen der Grundversorgung, der fachärztlichen Versorgung und der spezialisierten fachärztlichen Versorgung. Die Verhältniszahlen müssen aktualisiert werden. Wir müssen in der Planung von der Kopfzählung weggehen. Wir zählen bisher nur die Ärzte und fragen

nicht, in welchem Umfang sie tätig sind. Das ist nicht mehr adäquat. Wir erkennen ja, dass Ärzte in größerem Umfang flexible Arbeitszeiten wählen. Sie haben Teilzulassungen, sie sind als angestellte Ärzte mit unterschiedlichen Arbeitszeiten tätig. Das muss in der Planung mit aufgenommen werden, sonst funktioniert das System nicht. Dafür muss auf der anderen Seite aber sichergestellt werden, dass die übernommenen Versorgungsaufträge auch in dem erforderlichen Umfang erfüllt werden.

Bei der Bekämpfung von Unterversorgung – das ist eher ein perspektivisches Problem; aktuell haben wir ganz wenige Fälle, bei denen wir bereits von Unterversorgung sprechen können – gibt es eine Reihe von Maßnahmen, die in der Diskussion sind. Sie werden alle ausprobiert. Sie sind mehr oder weniger wirksam – eher sogar weniger wirksam. Aber es macht Sinn, weiter daran zu arbeiten und sich weiter darum zu kümmern. Wichtig in dem Zusammenhang ist, dass man auch den Abbau von Überversorgung als ein Instrument zur Verhinderung von Unterversorgung versteht. Man muss diesen Zusammenhang erkennen. Man darf sich nicht nur auf das Problem der Untersorgung konzentrieren und glauben, mit immer größeren Anreizen etwas bewirken zu können. Das wird nicht gelingen. So viel Geld gibt es nicht, um auf diesem Wege die Versorgungsprobleme zu lösen. Ein nicht unbekannter Ansatz ist, die Versorgung in ländlichen Regionen durch Gesundheitszentren zu unterstützen. Herr Müller hat es, glaube ich, mobile Arztstationen genannt. Das sind ähnliche Begriffe, die ähnliche Organisationsformen beschreiben. Die Idee dahinter ist im Grunde: Im ländlichen Bereich und in manchen Regionen ist es kaum noch möglich, einen Arzt zur vollen Niederlassung zu überreden. Es macht vielleicht auch wirtschaftlich keinen Sinn, weil möglicherweise zu wenige Patienten vor Ort sind. Dann nutzt auch eine Umsatzgarantie nichts. In solchen Fällen ist es vielleicht besser, eine Organisationsform zu unterstützen, in der sich Ärzte tageweise eine gemeinsam eingerichtete Praxis teilen. Am Montag kommt der Gynäkologe, am Dienstag der HNO-Arzt und am Mittwoch der Urologe. Das kann man steuern und planen. Das ist vielleicht ein Konzept, mit dem man die Versorgung im ländlichen Bereich und in Regionen sicherstellen kann, in denen man einen Arzt nicht mehr zur Niederlassung bewegen kann.

Auch ein Thema der Zukunft ist – hier stehen wir mit der KBV noch in einem spannenden Dialog – die Mitwirkung nicht ärztlicher qualifizierter Gesundheitsberufe an der Versorgung. Es wird immer der Eindruck erweckt, als hinge die gesundheitliche Versorgung der Menschen ausschließlich davon ab, wie viele Ärzte wir aufs Land bringen. Das ist nicht zwingend so. Wir haben inzwischen auch die Möglichkeit, die qualifizierten nichtärztlichen Gesundheitsberufe mit einzusetzen. Nicht jede Leistung, die wir heute den Ärzten vergüten, ist eine ärztliche Leistung in dem Sinne, dass nur ein Arzt sie erbringen kann. Wir bezahlen sie zwar, als wenn sie ein Arzt erbringen würde, aber eigentlich macht es die Arzthelferin. Man sollte daher vielleicht akzeptieren, dass nicht alles vom Arzt selbst gemacht wird und dass es auch Dinge gibt, die ähnlich gut von einer Arzthelferin oder Krankenschwester übernommen werden können. Es existieren bereits seit längerem Modelle, die in diese Richtung gehen.

Ich habe versucht deutlich zu machen, dass der Abbau von Überversorgung wichtig ist, um die Unterversorgung zu bekämpfen. Wir wollen verhindern, dass Jahr für Jahr tausende junger Ärzte in überversorgte Regionen gehen – und zwar dadurch gehen, dass sie frei werdende Praxissitze übernehmen. Das ist heute der Fall. Es scheiden etwa 5.000 Ärzte jedes Jahr altersbedingt aus. Diese 5.000 Ärzte, die überwiegend in den überversorgten Gebieten tätig sind, werden durch nachrückende Ärzte ersetzt, die dann jedoch eben nicht aufs Land gehen, sondern in die freigeworden Praxen. Das kann man unterbrechen und das kann man einschränken. Wir können diese Übernahme von Praxen begrenzen, das heißt aber nicht, dass wir sie völlig verhindern wollen. Man kann prüfen, welche Praxis weitergeführt werden soll. Der Arzt, der die Praxis abgibt, wird entschädigt. Die Praxis wird aufgekauft und diese Gelder fließen in die Entschädigung. Wir schaffen damit ein Potenzial von Ärzten, die nicht in die überversorgten Regionen gehen können. Es gibt dann eben nur noch eingeschränkte Möglichkeiten der Übernahme von Praxen und die Ärzte müssen sich in die nicht überversorgten Gebiete orientieren. Das ist eine sehr wichtige Maßnahme, die man umsetzen sollte. Dieser Ansatz ist inzwischen auch in den Konzepten der KBV zu finden. Herr Bahr hat nicht davon gesprochen, für ihn ist das vermutlich Planwirtschaft. Und Herr Baum will die Bedarfsplanung sowieso abschaffen. Er glaubt, wenn man nicht mehr plant, wird alles gut, der Markt wird es schon richten. Dass dadurch nur die Konzentration der Ärzte in den attraktiven Gebieten weiter ansteigt, während sich die Versorgungsprobleme in anderen Regionen verschärfen, ignoriert er dabei. Auch hier kann man aus der Geschichte lernen, denn nach dem Kassenarzturteil im Jahr 1960 gab es in Deutschland bereits eine Zeit ohne Zulassungssperren. Mit dem Ergebnis, dass die Zahl der Ärzte und das Ausgabenvolumen der Krankenkassen für ärztliche Leistungen rasant anstiegen, dass es zu Überversorgung in den Städten und zu Versorgungsengpässen auf dem Land kam und dass ein Ungleichgewicht zwischen Haus- und Fachärzten zu Gunsten der Fachärzte entstand. Die Auswirkungen dieses Experiments bekämpft man im Grunde noch heute. Die heutige Bedarfsplanung wird immer als wirkungslos kritisiert, weil sie offensichtlich nicht überall zu der gewünschten Verteilung geführt hat. Dabei ist die Bedarfsplanung besser als ihr Ruf. Denn tatsächlich hat sich die Verteilung der Leistungserbringer seit ihrer Einführung deutlich verbessert. Während es damals für viele Arztgruppen durchaus noch Niederlassungsmöglichkeiten gab, finden sich heute kaum noch weiße Flecken auf der Versorgungslandkarte. Davon abgesehen muss man fragen, was ohne diese Planung passiert wäre. Wie wäre denn die Verteilung, wenn es die Beschränkungen nicht geben würde, die das Zulassungsrecht auf Grundlage der Bedarfsplanung nach wie vor vorsieht? Die Verteilung wäre noch viel unausgewogener als es heute der Fall ist. Wir können auf die Planung nicht verzichten.

Will man künftig steuern, muss man auch über die Zulassungen sprechen. Wir haben heute die Situation, dass ein Arzt im Grunde auf Lebenszeit zugelassen wird. Vererbt er seine Praxis, dann gilt die Zulassung über die Generation hinweg. Das verhindert jede Planung, das verhindert jede Flexibilität. Wir brauchen flexible Möglichkeiten und wir müssen Zulassungen befristen, damit wir besser steuern können.

Zum Schluss noch ein einfacher Vorschlag, wie man etwas zum Erhalt und zur Sicherung der Versorgung beitragen könnte – einfach, unbürokratisch, absolut wirksam und völlig kostenfrei. Der Vorschlag sieht wie folgt aus: „Die Verbände und Organisationen der Ärzteschaft beenden endlich die Negativwerbung für den Arztberuf." Es wird ja immer davon gesprochen, wie grauenhaft es ist, Arzt zu sein. Man wird schlecht bezahlt, man ist einer Überreglementierung unterworfen und es gibt Bürokratie ohne Ende. Wer das hört, der will kein Arzt sein.

Und wer solche Botschaften verbreitet, der sollte nicht gleichzeitig den Arztmangel thematisieren, denn er selbst ist der Verursacher für solche Situationen.

Vielen Dank.

Flexibilisierung der Bedarfsplanung – Konsequenzen für eine integrative Versorgung

Von Frank Stollmann

Vielen Dank, Herr Prof. Pitschas für die Einladung, über die ich mich sehr gefreut habe – ungeachtet der bislang auch schriftlichen Auseinandersetzung, die wir geführt haben.

Mit den 13. Speyerer Gesundheitstagen sind Sie in gewisser Weise auf dem besten Wege zu einer Tradition. Das ist zwar nicht die Tradition, die wir in vielen Krankenhäusern haben. Im Westfälischen haben wir zum Beispiel ein Krankenhaus, das vor einigen Jahren seinen 800. Geburtstag gefeiert hat. Aber ich denke, das ist eine Tradition, auf die man zu Recht mit Stolz blicken kann. Und die bisherige Diskussion hat gezeigt, dass Sie auch mit der Themenauswahl ein richtiges Händchen bewiesen haben und ein sicheres Gespür für die Themen, die derzeit aktuell sind.

Es hat mich natürlich besonders gefreut, zu diesem aktuellen Thema etwas beitragen zu dürfen und danke auch direkt für Ihre Einleitung, dass es dabei – und dies freut mich natürlich wegen meiner beruflichen Herkunft – weniger um die politischen Aspekte als vielmehr auch um rechtliche und verwaltungsmäßige Aspekte gehen soll. Ich habe an den Anfang zwei Zitate gestellt, die in gewisser Weise beliebig sind, zugleich aber äußerst prägnant die Diskussion des gestrigen Tages und auch die Diskussion in der Fachöffentlichkeit widerspiegeln. Da ist zum einen eine Aussage von Herrn Orlowski aus dem Bundesgesundheitsministerium, der auf einer Veranstaltung im November letzten Jahres die These aufgestellt hat: „Die bisherige Bedarfsplanung im ambulanten Bereich hat das Ziel einer bedarfsgerechten Verteilung nicht erreicht." Zugleich, und auch das klang in dem einen oder anderen Beitrag schon an, die Aussage von Herrn Reichelt vom AOK Bundesverband, dass sich die Überversorgung verfestigt – Herr Partsch hatte gestern entsprechendes Zahlenmaterial mitgebracht –, während es gleichzeitig in manchen Regionen schwieriger wird, die Versorgung zu gewährleisten[1]. Das gewissermaßen zur Einstimmung in die anstehende Diskussion.

Zu Beginn möchte ich etwas sagen zu den allgemeinen Grundlagen und werde dann überleiten zu den bisherigen sektorenübergreifenden Ansätzen, die wir im geltenden Recht haben, auch in landesrechtlichen Regelungen. Man möge mir nachsehen, dass ich in der mir zur Verfügung stehenden Zeit nicht alle Länderregelungen in den Blick nehmen kann. Ich möchte dann, das ist ein ganz wichtiger Punkt bei den anstehenden juristischen Diskussionen, einen kurzen Blick

---

1 Vgl. Reichelt, forum für gesundheitspolitik 1-2/2011, S. 21, 22.

werfen auf die Fragen der Gesetzgebungskompetenzen und der Verwaltungsorganisation nach Art. 83 GG. Ich will anschließend, allerdings nur ganz kurz, da dies schon bei den Beiträgen von Herrn Minister Weisweiler und Frau Staatssekretärin Fischer im Zentrum stand, noch einmal etwas sagen zu den rechtspolitischen Forderungen der GMK, um dann zum zentralen Punkt überzuleiten: Nämlich zu den Einzelaspekten der Flexibilisierung, einmal bezogen auf das Bundesrecht und zum anderen bezogen auf die landesrechtlichen Möglichkeiten.

Was die Zahlen, Daten und Fakten anbelangt haben wir gestern schon Einiges gehört. Ich denke, das kann man um weitere Aspekte ergänzen, die nur schlaglichtartig herausgegriffen sind und die man sicherlich auch in dem einen oder anderen Punkt hinterfragen kann. Herr Partsch hat gestern in seinen Äußerungen und seinen Statistiken durchaus eingeräumt, dass man etwa bei der Verteilung von Krankenhäusern oder Ärzten im Bundesgebiet natürlich Aspekte wie Morbidität und demographische Faktoren berücksichtigen muss, letztendlich auch schlichte Bevölkerungszahlen an einem bestimmten Standort. Denn dass zum Beispiel in Ballungsräumen wie Frankfurt oder im Ruhrgebiet mehr Kliniken stehen als in der Oberpfalz oder im Chiemgau, ist fast so selbstverständlich, dass man es kaum betonen muss. Gleichwohl haben wir natürlich ein paar Tatsachen, die sich letztendlich nicht hinweg diskutieren lassen. Fakt ist: In München haben wir zum Beispiel die höchste Arztdichte der Welt und auch mehr Computertomographen als in ganz Italien. Damit mir als Nordrhein-Westfale nicht der Vorwurf gemacht wird, ich bezöge mich bei den negativen Beispielen hier nur auf Bayern, muss man fairer Weise auch einräumen, dass zum Beispiel in Essen ca. 100 Krankenhäuser in einem Radius von 50 km vorhanden sind, die den operativen Einsatz eines künstlichen Hüftgelenks anbieten[2]. Das zum Stichwort Überversorgung.

Ein Aspekt, der aus meiner Sicht gestern in vielen Beiträgen etwas zu kurz gekommen ist: Es geht um eine perspektivische Entwicklung und letztendlich geht es auch bei Bedarfplanung und Versorgungssteuerung um einen Ausblick auf zukünftige Entwicklungen. Ich denke, das ist das Wesen der Planung überhaupt. Bezogen auf den eigenen Wirkungskreis muss man berücksichtigen: Wir verzeichnen in Westfalen-Lippe eine Entwicklung, die dahin führen wird, dass in den nächsten 15 Jahren bis zu 14.000 Ärzte altersbedingt ausscheiden werden; davon allein 3.900 im Krankenhaussektor, ungefähr 7.500 im niedergelassenen Bereich. Das sind Zahlen, die die Ärztekammer Westfalen-Lippe im Januar präsentiert hat und vor einigen Tagen noch einmal regionalscharf auf einer Pressekonferenz verlautbart hat[3]. Wir haben gestützt auf entsprechendes Zahlenmaterial unserer KVen im Sommer 2009 im Rahmen der Erarbeitung eines Aktionsprogramms „Hausärztliche Versorgung" festgestellt, dass sich die hausärztlichen Praxen im Wesentlichen konzentrieren auf die Ober- und Mittelzentren der

---

2 Beispiele nach Reichelt, forum für gesundheitspolitik 1-2/2011, S. 21f.
3 Vgl. Westfälisches Ärzteblatt 06/11, S. 19f.

Kreise und – das haben wir damals nicht ausdrücklich festgestellt, sondern erst im Nachhinein etwas genauer unter die Lupe genommen – auf die Ballungszentren selbst. Wir haben gerade im Ruhrgebiet in den nördlichen Großstädten die Erfahrung gemacht, dass dort die Dichte an Allgemeinversorgung relativ gering ist, während in den „Speckschichten" der Großstädte die ärztliche Versorgung im Moment durchaus noch im Überfluss vorhanden ist[4].

Bedarfsplanung heute: Das bedeutet, wenn man den ambulanten und den stationären Bereich betrachtet, eine sektorbezogene administrative Bedarfsplanung. Die Frage ist, wie sie sich morgen darstellen wird. Ich denke, wir stehen im Moment, das haben die gestrigen Diskussionen sehr eindrucksvoll gezeigt, an einem entscheidenden Punkt, an dem die Weichen in die eine oder andere Richtung gestellt werden. Die Frage lautet: Bewegen wir uns in eine sektorübergreifende bedarfsorientierte Versorgungssteuerung oder werden wir die Weichen stellen in Richtung eines Wettbewerbssystems in der ambulanten und stationären Versorgung?

Wir haben derzeit auf der einen Seite den ambulanten Bereich. Die einschlägigen Rechtsgrundlagen, denke ich, sind in diesem Kreis mehr als gut bekannt[5]. Und wir haben eine Bedarfsplanung, die den Zugang nach Verhältniszahlen und eine ergänzende Zulassung nach Bedarf vorsieht. Auf der anderen Seite existiert im stationären Bereich eine Bedarfsplanung nach den einschlägigen bundesrechtlichen Vorgaben in Verbindung mit dem jeweiligen Landeskrankenhausgesetz und einem Zugang nach dem tatsächlichem Bedarf[6].

In dem Zusammenhang ist eine Ende letzten Jahres ergangene Entscheidung des Oberverwaltungsgerichts Münster interessant[7]. Das Oberverwaltungsgericht hat deutlich gemacht, jedenfalls bezogen auf den stationären Sektor, dass die Bedarfsanalyse im Krankenhausrecht, als Grundlage der planenden Fortschreibung, die Beschreibung des zu versorgenden Bedarfs an Krankenhausbetten darstellt und – das ist aus meiner Sicht ein ganz entscheidender Punkt – sich die materiell-rechtlichen Vorgaben weder aus dem Krankenhausgesetz des Bundes noch aus dem Landesrecht, also aus dem einschlägigen Landeskrankenhausgesetz, ergeben. Das ist zwar eine OVG-Entscheidung für NRW. Aber wenn man sich die Länderkrankenhausgesetze im Überblick anschaut, stellt man fest, dass das eigentlich für alle Länderkrankenhausgesetze gilt. Dies führt zu der Schlussfolgerung, die das eigentlich Interessante ist: Es hat nämlich zur Konsequenz, dass die Frage „Was ist Bedarfsanalyse? Was ist Bedarfsplanung?" letztendlich vorgegeben wird durch das, was im Krankenhaus(rahmen)plan steht. Denn wenn es

---

4 Hausarztaktionsprogramm, hrsg. vom Ministerium für Arbeit, Gesundheit und Soziales NRW, 2009, S. 32ff.
5 Bedarfsplanung nach §§ 99ff. SGB V i.V. mit §§ 12f. Ärzte-ZV, Bedarfsplanungs-RL des GBA.
6 Bedarfsplanung nach §§ 6, 8 KHG i.V. mit dem LKHG.
7 OVG NRW, NWVBl. 2011, S. 106.

nicht im Bundesgesetz steht und sich nicht landesrechtlich ergibt, dann ist es letztendlich eine Frage des Krankenhausplanes. Das wirft – das ist nun wieder mehr eine Frage für den Wissenschaftler, Herr Prof. Pitschas – die ganz interessante Frage auf, die bisher auch wissenschaftlich überhaupt nicht annähernd untersucht wurde: Was ist der Krankenhausplan überhaupt von seinem Regelungsgehalt her? Ist es nicht möglicherweise doch eine Rechtsnorm? Ich denke, die Entscheidung birgt einiges an Untersuchungsmaterial, aber das ist nicht das heutige Thema.

Der Bundesgesetzgeber hat ausgehend von der strikten Trennung der unterschiedlichen Versorgungsebenen in den letzten Jahren einige sektorenübergreifende Änderungen in das fünfte Sozialgesetzbuch eingefügt[8]. Am weitest reichenden ist sicherlich die Änderung des § 116b Abs. 2 SGB V, der sich von einer Vertragslösung mit einem relativ geringen Anwendungspotenzial weiterentwickelt hat zur heutigen Bestimmungslösung, die uns allen – Krankenhäusern, Niedergelassenen und vor allen Dingen auch, das darf man nicht außer Acht lassen, den Verwaltungsbehörden – jede Menge Probleme bereitet.

Es gibt auch die unterschiedlichen Schwerpunkte und Öffnungsaspekte. Ein gewisses Schwergewicht hat seitens des Bundesgesetzgebers bislang auf einer Öffnung zugunsten des stationären Bereichs gelegen[9]. Auch im Landesrecht lassen sich diese sektorübergreifenden Tendenzen an den unterschiedlichsten Stellen und in einer unterschiedlichen Regelungsdichte festmachen. Das ist das eigentlich Interessante und Entscheidende. Legt man die Entwicklungen zeitlich nebeneinander, sieht man, dass die Landesgesetzgeber an dieser Stelle vielfach einem Trend der Zeit Rechnung getragen und sich letztendlich auch die Ausgestaltungen der sektorübergreifenden Versorgung immer weiter entwickelt haben. Dies sei hier nur angerissen, aber ich denke, das ist ein ganz wichtiger Erkenntnisgewinn.

Die nordrhein-westfälische Regelung in § 8 Abs. 1 KHGG NRW ist zum Beispiel, ähnlich der bayerischen Regelung, relativ milde in ihrem Regelungsgehalt. Milde dahingehend, dass wir es kaum mehr als mit einem Programmsatz zu tun haben, der sich letztendlich für die konkrete Umsetzung und für konkrete Maß-

---

8   Etwa die Öffnung der Krankenhäuser für die ambulante Versorgung bei Unterversorgung (§ 116a SGB V), die Öffnung der Krankenhäuser für ambulante Leistungen bei strukturierten Behandlungsprogrammen nach § 137g SGB V (§§ 116b Abs. 1 SGB V), die Öffnung der Krankenhäuser für ambulante Behandlung hochspezialisierter Leistungen und seltener Erkrankungen (§ 116b Abs. 2 – 4 SGB V) oder die regelhafte Einbeziehung der Krankenhäuser in die vertragsärztliche Versorgung durch Beteiligung an medizinischen Versorgungszentren (§ 95 Abs. 1 SGB V).
9   Zu nennen sind hier etwa die Ermächtigung von Krankenhausärzten (§ 116 SGB V), die Instituts- und Hochschulambulanzen (§§ 117, 118, 119, 120 SGB V), die vor-/nachstationäre Behandlung im Krankenhaus (§ 115a SGB V), das ambulante Operieren im Krankenhaus (§ 115 b SGB V) und hochspezialisierte Leistungen und bei Unterversorgung (§§ 116a , 116b SGB V).

nahmen vor Ort relativ wenig eignet. Vor allen Dingen – und das ist ein ganz entscheidender Aspekt – ist § 8 Abs. 1 KHGG NRW eine Regelung, die in dieser Form bereits in den Vorgänger-Landeskrankenhausgesetzen von 1998 und von 1972 so verankert war. Es ist im Grunde genommen eine Fortschreibung des Bisherigen. Das gilt ähnlich für die Regelung des bayerischen Krankenhausgesetzes, die in etwa vergleichbare Maßstäbe anlegt. Wenn wir jetzt den Blick nach Hessen richten – Hessen hat zum 01.01.2011 ein neues Krankenhausgesetz in Kraft gesetzt – stellen wir fest, dass die landesrechtlichen Regelungen an dieser Stelle etwas präziser werden[10]. Das ist immer noch nicht im Sinne eines konkreten Normbefehls und hat natürlich keine konkreten Umsetzungsmaßnahmen zur Folge. Aber: Es geht insofern wesentlich weiter, dass im Falle der Beteiligung von ambulant tätigen Ärzten und Ärztinnen das Einvernehmen mit der KV Hessen für erforderlich erklärt wird. Insoweit haben wir eine gewissermaßen andere Qualität der Rechtsetzung. Ich komme darauf an anderer Stelle noch einmal zurück.

Dies nur zu den allgemeinen Grundsätzen und als erster Überblick der bisherigen sektorübergreifenden Tendenzen im Bundes- und im Landesrecht. Denken wir jetzt über die Weiterentwicklung nach, muss man aus meiner Sicht die Gesetzgebungskompetenzen und die Verwaltungsorganisationsbefugnisse nach den Art. 83 ff. GG in den Blick nehmen. Natürlich ist dies immer auch vor dem Hintergrund der konkret vorgeschlagenen Rechtsänderung zu betrachten. Insofern ist das im Moment noch relativ abstrakt, weil noch kein Entwurf eines Versorgungsgesetzes auf dem Tisch liegt.

Die Gesetzgebungskompetenz für den Bereich des Vertragsarztrechts und für die Bedarfsplanung obliegt – aufgrund des Kompetenztitels „Sozialversicherung" im Grundgesetz (vgl. Art. 74 Abs. 1 Nr. 12 GG) – dem Bundesgesetzgeber[11]. Das ist unstritten. Die Gesetzgebungskompetenz für die Krankenhausplanung, das ist schon mehrfach angeklungen, obliegt den Ländern. Der Bund hat zwar die Gesetzgebungskompetenz für das Krankenhausfinanzierungsrecht. Aber schon bei der Einbringung des Krankenhausfinanzierungsgesetzes in 1972 lässt sich den Gesetzgebungsmaterialien ganz klar entnehmen: Der Entwurf des KHG folgt der Entscheidung des Grundgesetzes, nach der die Planung von Krankenhäusern Angelegenheit der Länder ist[12]. Das ist in der Folge von den Gerichten und auch von anderer Stelle nicht ernsthaft bestritten worden[13].

Neben der Gesetzgebungskompetenz muss aber meines Erachtens bei jeder weiteren Ausgestaltung auf einfach gesetzlicher Ebene ein weiterer Aspekt berück-

---

10 Vgl. § 17 Abs. 8 HKHG 2011; dazu Stollmann, Gesundheit und Pflege 2011, S. 48 (49).
11 Vgl. BVerfG E 114, S. 196 (221); 98, S. 265 (303); BVerwG E 99, S. 10 (12); BSG E 80, S. 256 (258).
12 BT-Drs. VI/1874.
13 Vgl. etwa Stollmann, in: Huster/Kaltenborn, Krankenhausrecht, 2010, § 4 Rn. 4 m.w.N.

sichtigt werden, der sich letztendlich aus dem Gefüge der Artikel 83 ff. GG ergibt. Dieser geht zurück auf die entsprechenden Entscheidungen des Bundesverfassungsgerichts zur institutionellen Verknüpfung im Rahmen der Sozialhilfe: Das Bundesverfassungsgericht hat an dieser Stelle das Verbot der Mischverwaltung ausdrücklich betont und bekräftigt[14]. Das Bundessozialgericht hat in einer Entscheidung diese Grundsätze vollständig auch auf die mittelbare Staatsverwaltung im Bereich der Selbstverwaltung übertragen[15]. Die Entscheidung des Bundesverfassungsgerichts war ja eine Entscheidung, die sich auf die unmittelbare Bundesverwaltung bezogen hatte. Die Entscheidung des BSG ist daher ein wenig aussagekräftiger. Die Gerichte haben in diesem Zusammenhang ein ganz besonderes Augenmerk darauf gelegt, wenn es um Mitplanungs-, Mitverwaltungs- und Mitentscheidungsbefugnisse geht, muss sich die entsprechende Aufgabenverteilung konkret aus den Art. 83 ff. GG ergeben. Das Kompetenz- und Organisationsgefüge findet darin, wenn man so will, seine verfassungsrechtlichen Grenzen. Das Grundgesetz schließt mit bestimmten Ausnahmen, die ausdrücklich vorgesehen sein müssen, auch eine Mischverwaltung aus.

Ich will nur kurz ein Schlaglicht auf das werfen, was gestern schon im Mittelpunkt der Diskussion stand. Die Länder haben, Herr Minister Weisweiler hat noch einmal darauf hingewiesen, in einem in der Tat bemerkenswerten 16:0-Beschluss mehrere zentrale Forderungen gegenüber dem Bund deutlich gemacht[16]. Es geht um die Ermöglichung einer sektorenübergreifenden Rahmenplanung und um die Berücksichtigung von Demographie und Morbiditätsentwicklung im Rahmen der Bedarfsplanung. Es geht um die Forderung nach einer kleinräumigeren und flexiblen Bedarfsplanung und vor allem auch um die Beteiligung der Länder an den Beratungen des G-BA zu Fragen der Bedarfsplanung und sektorenübergreifender Qualitätsindikatoren.

Ich will zu einzelnen Aspekten einen Blick werfen auf die aktuelle Situation, auf Problemfeststellungen und auf perspektivische Fragen der Weiterentwicklung und der Flexibilisierung. Schauen wir uns die Beteiligungsrechte der Länder an: Hier sieht das SGB V in § 99 Abs. 1 Satz 1 aktuell lediglich eine Benehmensherstellung mit den Ländern vor. Das führt zu dem Problem, dass die Länder auf die Entwicklung in der ambulanten Versorgung nur sehr mangelhaft Einfluss nehmen können; im Grunde genommen gar keinen. Perspektivisch gibt es die Möglichkeiten, ein Einvernehmen mit den zuständigen Landesbehörden oder – das ist natürlich in der Ausgestaltung wesentlich geringer wertig – ein Beanstandungsrecht der Landesbehörden vorzusehen. Auch hinsichtlich der Beteili-

---

14 BVerfG, Urteil vom 20.12.2007 - 2 BvR 2433/04, 2 BvR 2434/04 -, NVwZ 2008, S. 183ff.
15 Vgl. auch BSG, Urteil vom 28.07.2008 – B 1 KR 5/08 R -, GesR 2008, S. 641f.
16 GMK-Beschluss vom 1. Juli 2010: Stärkung der Gestaltungsmöglichkeiten der Länder in der medizinischen Versorgung.

gungsrechte an sektorenübergreifenden Qualitätsindikatoren ist der Befund relativ eindeutig: Das geltende Recht sieht im SGB V eine Beteiligung der Länder nicht vor[17]. Wir haben trotz massiver Auswirkung auf die Krankenhausplanung und Krankenhausversorgung keine unmittelbaren Einflussmöglichkeiten der Länder. Es gibt zwar die allseits bekannte Reparaturklausel in § 137 Abs. 3 Satz SGB V; sie erlaubt eine nachträgliche Dispensierung von den Mindestmengenvorgaben bei planungsrechtlichen Belangen[18]. Der Name sagt es aber im Grunde genommen schon: Die Reparaturklausel räumt natürlich keine Möglichkeiten der unmittelbaren Einflussnahme ein. An dieser Stelle sind, aus meiner Sicht und auch aus sachlichen Gründen, die zuständigen Länderbehörden unmittelbar zu beteiligen.

Ein weiterer Aspekt sind die Beteiligungsrechte der Länder im Landesausschuss nach § 90 SGB V. Auch hier ist der Befund relativ eindeutig: Es gibt keine Beteiligung der Länder. Es gibt die Möglichkeit der Rechtsaufsicht[19], aber keine unmittelbare Beteiligung. Das heißt: Wir haben auch hier eine mangelnde Einflussnahme auf die Entwicklung in der ambulanten Versorgung. Es gibt die politische Forderung, die Länder durch eine Mitgliedschaft, zumindest aber durch eine Einvernehmensbeteiligung im Länderausschuss zu beteiligen. Alternativ gäbe es rechtspolitisch natürlich auch die Möglichkeit, eine Beteiligung auszugestalten als Teilnahmerecht, als Beanstandungsrecht oder/und verknüpft mit einem Initiativrecht der Landesbehörden. Sie werden sich erinnern, in dem BMG-Papier, das in diesem Zusammenhang kursiert, sind diesbezügliche Denkmodelle vorhanden.

Reden wir über den Aspekt des sektorübergreifenden Gremiums auf Landesebene, dann ist der Befund ebenfalls eindeutig: Das geltende Recht sieht ein solches Gremium nicht vor. Aus meiner Sicht ist das eine Problematik, die je nach Ausgestaltung durchaus Fragen der Gesetzgebungskompetenzen aufwirft. Natürlich kann und darf der Bund in die Krankenhausplanung nicht eingreifen. Im Gegenzug haben die Länder, wie festgestellt, in der ambulanten Bedarfsplanung allenfalls Restkompetenzen. Hat der Bund erkennbar abschließend von seiner konkurrierenden Gesetzgebung in dem Bereich Gebrauch gemacht, stellt sich schon die Frage, inwieweit die Länder überhaupt noch Regelungskompetenzen haben. Das Verbot der Mischverwaltung kann – ich sage bewusst kann – je nach Ausgestaltung eines solchen Gremiums unter Umständen auch Probleme aufwerfen. An dieser Stelle muss ich betonen: Je nach Ausgestaltung eines entsprechenden einfach-gesetzlichen Regelungsentwurfs stellt sich die Frage möglicher notwendiger Grundgesetzänderungen – dieser Weg wäre natürlich fast noch steiniger als der Weg einer Änderung des SGB V – oder die Möglichkeit von freiwilligen Kooperationen ohne Entscheidungsbefugnis in den einzelnen Ländern.

---

17 Vgl. §§ 137, 91f. SGB V.
18 Vgl. Stollmann, GesR 2007, S. 303f.
19 Vgl. § 90 Abs. 4 Satz 2 SGB V.

Neben den skizzierten organisatorischen Aspekten sind auch einige inhaltliche Aspekte in den Blick zu nehmen. Die Flexibilisierung der Planungsbereiche wurde bereits angesprochen. Wir haben derzeit die Rechtslage nach SGB V und Ärzte-ZV[20], dass die Planungsbereiche den Land- und Stadtkreisen entsprechen sollen. Wir haben von Frau Staatssekretärin Fischer das sächsische Experiment interessiert zur Kenntnis genommen. Frau Fischer hat in dem Zusammenhang darauf hingewiesen, es gebe durchaus Probleme mit der rechtlichen Anfeindung der weitgehenden Flexibilisierung in Sachsen. Nun kenne ich die sächsischen Einzelheiten natürlich nicht. Schaut man sich die Rechtsprechung des BSG an, muss man diese rechtlichen Zweifel zumindest ernst nehmen. Das Bundessozialgericht hat – es ging damals um einen hessischen Fall – in der hier von mir zitierten Entscheidung einer unbegrenzten Regelungsbefugnis eine klare Absage erteilt[21]. Es hat zwar gewisse Gestaltungselemente durchaus zugestanden und ein gewisses Gestaltungsermessen anerkannt. Aber es hat ganz klar gemacht, dass eine durchgehend kleinräumige Flexibilisierung nicht den gesetzlichen Vorgaben entspricht. Im Grunde genommen hat das Bundessozialgericht an der Stelle nichts anderes getan als dem Begriff „sollen" in der gesetzlichen Regelung den ihm zukommenden Rang eingeräumt. Denn schreibt der Gesetzgeber „sollen", dann meint er natürlich im Regelfall „muss" und nur in einem begrenzten Ausnahmefall lässt er die Möglichkeit der Abweichung zu. Das heißt: Wenn es hier zu Veränderungen kommen soll, wenn wir eine kleinräumigere Bedarfsplanung wollen, muss man das SGB V ändern. Man muss die Regelung des § 101 Abs. 1 Satz 6 SGB V entsprechend flexibilisieren und in der Folge natürlich auch die Regelung in der Ärzte-ZV, um auf die lokalen Disparitäten, die ich eingangs erwähnt habe, entsprechend flexibel reagieren zu können.

Das ist freilich nicht unproblematisch. Es wird bei einer kleinräumigeren flexibleren Planung zu einer Gratwanderung zwischen den besseren Verteilmöglichkeiten und einer zusätzlichen Überversorgung kommen. Der Gesetzgeber kann aus meiner Sicht nicht an dem Punkt stehenbleiben, an dem er die Bedarfsplanung kleinräumiger und flexibler ausgestaltet. Er muss den Beteiligten, das ist fast ein Junktim im rechtlichen Sinne, auch entsprechende Instrumente zur Verfügung stellen, um den Abbau von Überversorgung realisieren zu können. Wir haben natürlich jetzt schon in § 105 Abs. 3 SGB V die Möglichkeit der Förderung des Verzichts auf Zulassung in überversorgten Gebieten. Da muss man sicherlich nachjustieren. Diese Möglichkeiten muss man verbessern und weiträumiger gestalten. Auch die Frage von Vergütungszu- und -abschlägen ist zu diskutieren.

---

20 Vgl. § 101 Abs. 1 Satz 6 SGB V, § 12 Abs. 3 Satz 2 Ärzte-ZV.
21 Vgl. BSGE 81, S. 207: mit der gesetzlichen Regelung ist die Bildung von 447 Planungsbereichen in nur 26 Stadt- und Landkreisen unvereinbar.

Bei der Berücksichtigung der Arztgruppen haben wir derzeit eine sehr starre Regelung[22]. Ich glaube, es gibt eine große Übereinstimmung und auch eine große sachliche Notwendigkeit, hier stärker zu differenzieren. Denkt man sektorübergreifend, wären es im Grunde genommen vier Ebenen: zum einen die ärztliche Primärversorgung und man müsste im Weiteren über eine allgemeine fachärztliche Versorgung reden. Es muss klar sein, dass wir uns auf diesen beiden ersten Ebenen im Regelfall auf eine wohnortnahe, gut erreichbare Versorgungsstruktur konzentrieren müssen, während es sowohl bei der dritten und vierten Ebene – der speziellen fachärztlichen Versorgung und der stationären Versorgung – auch in Zukunft weniger um Ortsnähe und Erreichbarkeit, sondern vielmehr um eine flächendeckende Versorgung gehen muss.

Ein weiterer inhaltlicher Aspekt ist die Berücksichtigung von Demographie und Morbidität. Ich habe in den diesbezüglichen Ausführungen von Herrn Bahr ein zu hohes Maß an Zögern wahrgenommen. Die Morbidität der Bevölkerung und deren insbesondere demografisch bedingte künftige Entwicklung mit den zu erwartenden Auswirkungen auf das Versorgungsgeschehen müssen berücksichtigt werden. Man wird, will man die künftige Bedarfsplanung sachgerecht ausgestalten, um die Aufnahme dieser beiden Faktoren nicht herumkommen. Das bedingt zwingend eine Änderung der gesetzlichen Grundlagen und bringt meines Erachtens neben den gesetzestechnischen Aspekten ein weiteres, viel schwerwiegenderes Problem mit sich: Das wird nicht alleine mit einem Gesetz zu regeln sein. Man kann das ins Gesetz schreiben, aber damit allein ist es nicht getan. Damit ist im Grunde genommen auch nur ein weiterer Anfang getätigt. Der Kernpunkt, der eigentlich fehlt, sind transparente und operationalisierbare Messverfahren. Wir haben allenfalls Anfänge entsprechender Erkenntnisverfahren, die die Auswirkungen demographischer Entwicklungen auf die medizinische Versorgung erfassen. Das gilt eigentlich fast noch mehr für die Fragen der Morbidität. Es gibt z.B. auch bei uns, wir sind in NRW leidgeprüft, immer wieder die Diskussion um eine zu hohe Anzahl der Krankenhäuser. Dem wird entgegnet, wir hätten eben auch eine besondere Bevölkerungsstruktur mit Vorbelastungen durch den Bergbau oder der Schwerindustrie, die entsprechend berücksichtigt werden müssen. Nur muss man freimütig einräumen, das sind letztendlich politische Auseinandersetzungen, die sich durch Daten und Fakten und durch wirklich belastbare Erkenntnisquellen weder in die eine noch in die andere Richtung belegen lassen. Insofern ist meine Schlussfolgerung: „Ja" zu einer gesetzlichen Regelung, aber das darf nicht das Ende, sondern allenfalls der Anfang der Entwicklung sein.

Ein weiterer Aspekt, der auch im GMK-Papier angesprochen wird, ist die sektorübergreifende Rahmenplanung. Auch hier ist der Befund relativ eindeutig: Dies haben wir bislang weder gesetzlich noch untergesetzlich an irgendeiner Stelle vorgesehen. Eine sektorübergreifende Rahmenplanung hätte aus meiner

---

22 Vgl. § 12 Abs. 3 Satz 1 Ärzte-ZV.

Sicht zwingend einheitliche Qualitätsindikatoren, einheitliche Mindestmengenvorgaben und eine im Grundsatz einheitliche Vergütung vorzusehen.

Ich komme mit § 116b SGBV zu einem Thema, das angemessen berücksichtigt werden muss. Auch hier ist der Befund relativ eindeutig. Die Verwaltungspraxis geht – in Anlehnung an die gesetzliche Regelung und unter Bezugnahme auf die Gesetzesmaterialien – davon aus, dass eine Bedarfsprüfung nicht vorgesehen ist und diese dementsprechend auch im Grundsatz nicht stattfindet. Das ist jedenfalls die Ausgangssituation in Nordrhein-Westfalen. Nun gibt es eine Rechtsprechung beim Landessozialgericht Essen[23], welche in Fortführung der Erwägungen, die das LSG Sachsen im letzten Jahr schon angestellt hat[24], dem eine Absage erteilt hat. Wenn Sie sich das Zitat anschauen, das ich herausgesucht habe, dann scheue ich mich etwas zu sagen, das LSG Essen schreibe nun eine Bedarfsprüfung vor. Das wechselt so ein bisschen zwischen „eigentlich ja", aber doch „eher nein, aber vielleicht doch". Das ist jedenfalls meine Interpretation ohne sogleich Urteilsschelte betreiben zu wollen.

Nichtsdestotrotz birgt die Entscheidung einige interessante Gedanken auch für die Rechtsfortbildung. Das LSG hat nämlich zum Ausdruck gebracht, welche Gesichtspunkte bei der behördlichen Entscheidung zu berücksichtigen sind. Es wird deutlich, dass es dem Gericht auf eine vergleichende Betrachtung ankommt. Es sollen Qualitätsgesichtspunkte, Patientengerechtigkeit und viele andere Faktoren berücksichtigt werden. Ich kann aus Verwaltungssicht nur sagen, dass dies lohnend und erstrebenswert ist, muss aber gleichzeitig einräumen: das LSG hat nicht bedacht, dass die Lebenswirklichkeit und vor allen Dingen die Erkenntnismöglichkeiten der Landesplanungsbehörden ganz einfach an ihre Grenzen stoßen. Ich kann nur an den Stellen vergleichen, an denen ich vergleichende Daten habe. Ich bin aber als Landesplanungsbehörde derzeit nicht in der Lage, aus eigenen Erkenntnissen eine wertende Betrachtung des stationären Bereichs gegenüber dem ambulanten Bereich vorzunehmen. Diese Instrumente habe ich nicht. Daher ist dies im Grunde genommen eine Entscheidung, die das Wünschenswerte zum Ausdruck bringt, aber auf Basis des geltenden Rechtes nichts Erreichbares. Das muss man ganz klar und deutlich sagen.

Deswegen lautet die Schlussfolgerung aus dieser Entscheidung: Es gibt zwei Möglichkeiten. Es gibt die Möglichkeit der gesetzlichen Einführung einer Bedarfsprüfung analog der vertragsärztlichen Vorgaben und natürlich unter Berücksichtigung der klinischen Situation, also der Berücksichtigung derjenigen Krankenhäuser, die bereits eine entsprechende Bestimmung nach § 116b SGB V haben. Das kann ich nicht ausblenden, wenn ich plötzlich eine Bedarfsprüfung gesetzlich vorschreibe. Das heißt aber auch, ich muss den Behörden zwingend die entsprechenden Instrumente zur Verfügung stellen. Insbesondere wenn ich

---

23 LSG NRW, Beschluss vom 23.03.2011 - L 11 KA 97/10 B ER und L 11 KA 22/11 B ER -.

24 LSG Sachsen, Beschluss vom 3.06.2010 - L 1 KR 94/10 B ER -.

mir das BMG-Papier anschaue und die bisherigen Diskussionen der Speyerer Gesundheitstage vor Augen halte, scheint meines Erachtens der Zug eher in eine alternative Richtung zu gehen: die Festlegung einheitlicher Qualifikations- und Qualitätsanforderungen für alle Leistungserbringer mit einem gebundenen Anspruch auf Teilnahme einschließlich einheitlicher – soll heißen gleichheitsgerechter – Vergütung. Das eine gleichheitsgerechte Vergütung auch entsprechende Zuschüsse an die Krankenhäuser berücksichtigen muss, die in der Vergangenheit gewährt worden sind, ist fast selbstverständlich. Allerdings auch zu berücksichtigen ist die Notwendigkeit von Übergangs- und Bestandsschutzregelungen. Wenn ich alleine nur einmal den Blick auf Nordrhein-Westfalen lenke: Wir haben ca. 800 Anträge zu § 116b SGB V-Leistungen von ungefähr 120 Krankenhäusern, das heißt manche Krankenhäuser sind mit verschiedenen Krankheitsbildern mehrfach im Antragsverfahren. Es sind rund 400 Anträge mittlerweile beschieden, aber nicht alle positiv. Wir haben letzte Woche noch ein SG-Verfahren gewonnen, bei dem dem Krankenhaus aufgrund nicht erreichter Mindestmengen die Bestimmung versagt worden war. Das SG hat diese Entscheidung nun bestätigt[25]. Das heißt auch bei den Mindestmengen sind wir, was die Rechtsfortbildung anbelangt, ein Stück weiter.

Indes sehe ich nicht nur den Bundesgesetzgeber in der Verantwortung für sektorenübergreifende Elemente, sondern auch die Landesgesetzgeber. Es existiert sicherlich eine relativ uneinheitliche Rechtslage, wenn man sich alle 16 Ländergesetze vor Augen hält. In Nordrhein-Westfalen sind die KVen nur mittelbar im Rahmen der Landeskrankenhausplanung beteiligt[26]. In Hessen ist die KV nach der Neuregelung in § 20 Hessisches Krankenhausgesetz unmittelbar beteiligt. Wenn wir es mit der sektorenübergreifenden Planung und der sektorenübergreifenden Steuerung des Versorgungsgeschehens ernst meinen, dann sind die Länder, auch Nordrhein-Westfalen, in der Pflicht, die KVen in den Kreis der unmittelbar Beteiligten einzubeziehen. Bei der Berücksichtigung der ambulanten Strukturen im Landeskrankenhausrecht sollten wir als Landesgesetzgeber auch einige Schritte weitergehen. Wir haben es bislang, das hatte ich aufgezeigt, allenfalls mit rechtspolitischen Programmsätzen zu tun. Das wird man weiter ausgestalten müssen. Wir müssen die sektorenübergreifenden Aspekte stärker in das jeweilige Landeskrankenhausgesetz aufnehmen. Ich denke schon, dass die Ansätze im neuen Hessischen Landesrecht durchaus Vorbildcharakter haben[27], möglicherweise aber auch noch weiter ausgestaltungsfähig sind. Vor allen Dingen – das ist der ganz entscheidende Punkt, den ich aus dem eingangs zitierten Urteil des OVG Münster mitnehme – müssen die sektorenübergreifenden Aspekte im Krankenhausrahmenplan konkretisiert und ausgeführt werden. Deswegen ist es an der Stelle umso wichtiger – hier schließt sich der Kreis der organi-

---

25 Vgl. SG Düsseldorf, Urteil vom 23.03.2011 - S 2 KA 196/10 -, n. rkr.
26 Vgl. § 15 Abs. 2 KHGG NRW.
27 Dazu Stollmann, Gesundheit und Pflege 2011, S. 48 (51f.).

satorischen Vorfrage –, die KVen dort als unmittelbar Beteiligte mit einzubeziehen.

Inhaltlich sind zwei Aspekte noch ganz wichtig: Es muss auf der Ebene der Krankenhausplanung, um ein Gleichgewicht insbesondere zu den Vorgaben des G-BA herzustellen, um die Einführung von Qualitätsindikatoren gehen. Die Rechtsprechung, bis hin zum Bundesverfassungsgericht, begnügt sich gerade beim Begriff der Leistungsfähigkeit im Sinne des Krankenhausplanungsrechts viel zu sehr mit Mindeststandards[28]. Die Bundesverfassungsgerichtsentscheidung von 2004 ist geradezu symptomatisch für eine Rechtsprechung, die gerade im Bereich der Krankenhausplanung im Grunde genommen nur Mindeststandards fordert[29]. Das führt zwingend dazu, dass die Qualitätsaspekte in das jeweilige Landeskrankenhausgesetz integriert werden müssen und dann wiederum einer Konkretisierung und Ausgestaltung im jeweiligen Landeskrankenhausplan bedürfen. Das kann gehen bis möglicherweise hin zur Übernahme oder Vorgabe von Mindestmengen, die, um wirklich Planung und Rechtssicherung zu gewähren, nicht ausschließlich bei einer Umsetzung im Verwaltungsbescheid, sondern schon auf einer Stufe vorher – auf Planungsebene – vorgegeben werden müssen.

Noch ein letzter Aspekt, den ich hinsichtlich der inhaltlichen Möglichkeiten und Notwendigkeiten im Landesrecht gerne mit auf den Weg geben möchte: Auch bei der Frage der Reichweite des Versorgungsauftrages brauchen wir Nachbesserungen. Es ist bereits von einer zunehmenden Tendenz in den Ländern zur Rahmenplanung gesprochen worden. Ich habe aus den Diskussionen mit den Kostenträgern und Leistungserbringern, die wir bei der Novellierung unseres Landeskrankenhausgesetzes vor vier Jahren hatten, die Botschaft mitgenommen, an einer lediglich rahmensetzenden Gestaltungskompetenz bestehe wenig Interesse. Im Grundsatz hatte man schon das Bedürfnis, dass die Landesplanung relativ klare und detaillierte Vorgaben macht. Aus Sicht der Landesplanung, soweit sie an qualitativ hochwertiger stationärer Versorgung interessiert ist, denke ich auch, dass wir Konkretisierung und Reglementierung brauchen. Ich sehe jedenfalls in Nordrhein-Westfalen – aber auch NRW-übergreifend, es gibt viele VG- und OVG-Entscheidungen aus anderen Ländern – die verhängnisvolle Tendenz, dass die Reichweite des Versorgungsauftrages nicht qualitätsgesteuert mit den derzeit zur Verfügung stehenden Möglichkeiten begrenzt werden kann[30]. Wir haben es zum Beispiel oft mit unfallchirurgischen und neurochirurgischen Angeboten zu tun, bei denen Krankenhäuser, die bisher nur allgemeinchirurgisch tätig waren, plötzlich ihre "Versorgungsleidenschaft" entdecken.

---

28 Vgl. BVerfG E 82, S. 209 (226); NJW 1990, S. 2306; BVerwG E 62, S. 86 (106); NJW 1993, S. 3008 (3009).

29 Vgl. BVerfG, GesR 2004, S. 296; dazu kritisch Stollmann, in: Prütting, FAKomm-MedR, § 1 KHG Rn. 19.

30 Vgl. OVG Münster, Beschl. v. 11.03.2011 – 13 A 1745/10 –; dazu auch Stollmann/Hermanns, DVBl. 2011, S. 599 (607).

Hier ergibt sich ganz einfach die Problematik, dass wir dem, jedenfalls unter Qualitätsaspekten, mit den bestehenden rechtlichen Möglichkeiten kaum Herr werden können.

Das heißt: Auch hier brauchen wir die Konkretisierung im Krankenhausplan und auf einer nächsten Stufe die entsprechende Konkretisierung der Feststellungsbescheide, entweder durch die Aufnahme negativer Feststellungen oder entsprechender Unterausweisungen. Aus der Judikatur ergibt sich die einzige Möglichkeit, um Qualitätsaspekte einzufügen, daraus, dass man aus landesplanerischer Sicht die notwendigen Qualitätsanforderungen als nicht gegeben sieht. In der Folge weist man dann einem Krankenhaus zwar Betten in der Allgemeinchirurgie zu, für gefäßchirurgische, neurochirurgische oder ähnliche Leistungen nimmt man aber etwa eine Nullausweisung vor. Das ist jedenfalls aus Sicht der Rechtsprechung eine rechtssichere Möglichkeit, um den Versorgungsauftrag entsprechend zu begrenzen.

Ich komme nun zum Fazit: Aus meiner Sicht bedarf es – ich denke da gibt es auf Bundes- und auf Länderebene genügend Spielräume, aber auch Handlungsnotwendigkeiten – auf lange Sicht einer sektorübergreifenden bedarfsorientierten Versorgungssteuerung auf Basis einer sorgfältigen Versorgungsanalyse, die über die Statistik von Arzt- und Bevölkerungszahlen hinaus die Altersstrukturen, Fallzahlen, Patientenströme und Infrastruktur einer Region prüft. An der Stelle will ich noch einmal kurz das aufgreifen, was Herr Bahr gesagt hatte; in dem Punkt stimme ich ihm uneingeschränkt zu: Wir werden mit dem vom Bund wohl in Kürze vorzulegenden Versorgungsgesetz sicherlich nur einen ersten Schritt machen können. Das wird noch nicht der letzte Schritt sein, aber aus meiner Sicht muss die Entwicklung zwingend in diese Richtung gehen.

Vielen Dank für Ihre Aufmerksamkeit.

Sektorenübergreifende Bedarfsplanung – Chancen oder Risiko für die ambulante Versorgung

Von Gunter Hauptmann

Lieber Herr Prof. Pitschas, herzlichen Dank für die Begrüßung und die einleitenden Worte. Sie haben es schon angedeutet. Zu guter Letzt kommt nun, nachdem die Thematik zwei Tage lang „top down" betrachtet wurde, die Sicht von unten nach oben, nämlich aus Sicht der Betroffenen.

Über das Thema „Sektorenübergreifende Bedarfsplanung: Chancen oder Risiko für die ambulante Versorgung" und die damit verbundene Aufgabenstellung habe ich eine ganze Weile nachgedacht. Ich hoffe, ich habe mit den folgenden Überlegungen das Thema getroffen.

Kurz zu meiner Person. Ich bin im siebten Jahr Vorsitzender des Vorstandes der Kassenärztlichen Vereinigung des Saarlandes. Die Kassenärztliche Vereinigung beschäftigt 150 Mitarbeiter und vertritt 722 Haus- und 843 Fachärzte und – darauf möchte ich besonders hinweisen – 144 ermächtigte Krankenhausärzte. Das Saarland ist mit einer Million Einwohner und seinen Grenzen – Frankreich-Luxemburg-Rheinland-Pfalz- ein sehr abgeschlossener Raum, der für viele Anwendungsbeobachtungen und Marktstudien genutzt wird. Das könnte auch im Gesundheitswesen unter anderem für die Versorgungsforschung genutzt werden, um etwa Konzepte auszuprobieren, die zum Beispiel hier in Speyer diskutiert werden.

Zusätzlich zu meiner Tätigkeit als KV-Vorsitzender bin ich als niedergelassener Frauenarzt in Saarbrücken seit 1990 in einer Gemeinschaftspraxis tätig. Diese Praxis arbeitet bereits seit langem sektorenübergreifend. Als Kooperationspartner des Brustzentrums Saar Mitte sind wir zertifiziert durch die Zertifizierungsstelle der Deutschen Krebsgesellschaft.

Unsere Patientinnen können zwischen zwei Krankenhäusern auswählen, in denen wir sie ambulant operieren und sie können sich entscheiden, von uns im Rahmen der konsiliarärztlichen Versorgung auch stationär versorgt zu werden. Die komplette onkologische Versorgung findet in einer von den übrigen Praxisräumen getrennten Etage im selben Haus statt.

In Bezug auf die Qualität und die Vielfalt der Versorgungsmöglichkeiten haben wir die „gleich langen Spieße" schon längst hergestellt.

Der § 116b in der bisherigen Form macht uns allerdings zu schaffen. Alle drei Praxispartner kommen aus demselben Krankenhaus, welches nur einige hundert Meter von der Praxis entfernt ist. Und eben dieses Krankenhaus hat eine Genehmigung nach 116b erhalten und wird mit uns um dieselben Patientinnen konkurrieren, da es sich um dasselbe Einzugsgebiet handelt. Sicherlich zu unserem Nachteil. Denn was die Marketingmöglichkeiten und den „Erstzugriff" auf den Patienten angeht, haben wir keine „gleich langen Spieße".

In dieser Situation befinden sich viele niedergelassene spezialisierte Fachärzte, denn das Niederlassungsverhalten zeigt, dass sich Fachärzte am häufigsten in unmittelbarere Nähe des Krankenhauses niederlassen, in dem sie ihre Ausbildung absolviert haben, während Hausärzte sich am häufigsten dort niederlassen, wo sie aufgewachsen sind.

Sektorenübergreifende Bedarfsplanung und Versorgung. Wie ist der aktuelle Ist-Zustand der Versorgung, wie sind die Rahmenbedingungen und welche Lösungsansätze werde diskutiert?

Bedarfsplanung ist immer in die Zukunft gerichtet. Daher gehört zur Bedarfsplanung auch immer die Betrachtung der Bevölkerungsentwicklung. Sie alle wissen, dass die Prognosen zur Bevölkerungsentwicklung in der Bundesrepublik für die Jahre 2007 bis 2025 von einem Rückgang von sieben Prozent ausgehen. Das betrifft das Saarland und die neuen Bundesländer in besonderem Maße; gerade in den Ländern mit starkem Bevölkerungsrückgang leben besonders viele ältere Menschen. Jetzt haben wir das gemacht, wonach Herr Dr. Stollmann vorhin gefragt hat. Wie kann man Bedarf, Alter und Demographie zusammenbringen? Das Zentralinstitut für die Kassenärztliche Versorgung hat für einige KVen, darunter auch für die KV Saarland, eine Studie durchgeführt. Der Entwicklung der Bevölkerung bis ins Jahr 2025 sollte der dann notwendige Behandlungsbedarf gegenüber gestellt werden. Basis war die Bevölkerung im Saarland im Jahr 2007 mit dem bekannten Behandlungsbedarf. Wie wird sich die Inanspruchnahme der Bevölkerung verändern, wenn im Jahr 2025 der Anteil der unter 55jährigen um 20-30 Prozent abnehmen, und derjenige der über 60jährigen ganz deutlich zunehmen wird? Ohne Berücksichtigung der zunehmenden Erkrankungshäufigkeit und des medizinischen Fortschritts, sondern ausschließlich unter Berücksichtigung des Alters der Bevölkerung und der Häufigkeit der Arztkontakte je Alters- und Arztgruppe.

Die Ergebnisse sind ebenso einleuchtend wie verblüffend. Bei deutlich zurückgehender Geburtenrate wird bei den Kinderärzten die Inanspruchnahme im Saarland um 14 Prozent sinken. Auch bei den Gynäkologen wird der Behandlungsbedarf in etwa dieser Größenordnung abnehmen. Die über 70jährigen gehen nicht mehr regelmäßig zum Frauenarzt und die jungen Frauen werden weniger und werden auch weniger schwanger. Besonders stark wird der Behandlungsbedarf bei den psychologischen Psychotherapeuten abnehmen. Das Durchschnittsalter der heutigen Psychotherapie in Anspruch nehmenden Patienten liegt deutlich unter 50 Jahren. Eine Zunahme des Behandlungsbedarfs erwarten wir bei den Urologen, den Internisten, den Augenärzten und den Hausärzten.

Die Ergebnisse dieser Studie werden weiter verfeinert und sind bereits auf die Kreise und Zulassungsbezirke herunter gebrochen und erlauben uns eine wesentlich genauere weil kleinräumige Betrachtung.

Da wir über Bedarfsplanung und Versorgungsebenen reden, möchte ich Ihnen auch hier kurz den Ist-Zustand darlegen.

Grundsätzlich gibt es die hausärztliche und die fachärztliche Versorgung (§73 SGBV) im niedergelassenen Bereich. Die fachärztliche Versorgung hat sich im Lauf der Jahre insbesondere durch Leistungsverlagerungen aus dem stationären Bereich, ich nenne nur die ambulanten Operationen, weiterentwickelt. Inzwischen sprechen wir, allerdings bisher noch nicht der Gesetzgeber, von einer allgemeinen fachärztlichen und einer spezialisierten fachärztlichen Versorgung. Um es gleich vorwegzunehmen, nur ganz wenige Fachärzte betreiben ausschließlich spezialisierte Versorgung. Die meisten nehmen an der allgemeinen fachärztlichen Versorgung teil und erbringen im Einzelfall bei ihrem Patienten dann auch Leistungen, die der hoch spezialisierten (Krankenhausersetzenden /Krankenhausgleichen) Versorgung zuzuordnen sind, wie zum Beispiel onkologische Behandlungen.

Als weitere Versorgungsebenen gibt es die fachärztliche Versorgungsebene im stationären Bereich und die ambulante fachärztliche Versorgung im Krankenhaus im Rahmen der Ermächtigungen (§§ 116, 116a), des ambulanten Operierens (§§ 115a, 115b) und der Behandlung nach §116b (Öffnung der Krankenhäuser zur ambulanten Behandlung bei besonderen Erkrankungen).

Insbesondere die ambulante fachärztliche Behandlung im Krankenhaus überschneidet sich mit der spezialisierten ambulanten fachärztlichen Behandlung und eröffnet Krankenhäusern zusätzliche Einnahmequellen zu Lasten der niedergelassenen Fachärzte bei noch bestehenden ungleichen Wettbewerbsbedingungen. Hier besteht dringender Regelungsbedarf.

Wie sind nun die unterschiedlichen Versorgungsebenen in der Fläche der Bundesrepublik verteilt?

Die Wohnbevölkerung ist gleichmäßig – jeweils zu einem Drittel – auf Kernstädte, Ober- und Mittelzentren, sowie die sonstigen Gemeinden verteilt. Die hausärztliche Versorgung ist ebenso zu jeweils einem Drittel auf die Siedlungstypen verteilt.

Die fachärztliche Versorgung konzentriert sich überwiegend in den Kernstädten, in geringerem Maße in Ober- und Mittelzentren und so gut wie gar nicht in Gemeinden.

Bei der Frage was ist flächendeckende Versorgung, stellt sich auch die Frage nach der Wegezeit zur nächsten Arztpraxis. Im Mittel beträgt in Deutschland die Wegezeit zur nächsten Facharztpraxis etwa 25 Minuten, zur nächsten Hausarztpraxis sieben bis acht Minuten. Bei abnehmenden Arztzahlen wird die Frage der Erreichbarkeit unter Umständen neu definiert werden müssen. Sind zum Beispiel 30 Minuten zur nächsten Hausarzt- und 60 Minuten zur nächsten Facharztpraxis zumutbar?

Dass die Arztzahlen abnehmen werden, ist einfach zu belegen. Wir wissen, wie alt die heute tätigen Ärzte sind. Wir kennen auch die Zahlen. Gesetzt den Fall, das Pensionsalter liegt bei 65 Jahren, dann können wir berechnen, dass im Jahr 2020 im Krankenhaus etwa 44.000 Assistenz- und Fachärzte, sowie 21.000 Chefärzte und im vertragsärztlichen Bereich 51.000 Ärztinnen und Ärzte weniger da sein werden. Das wäre zunächst der zu erwartende Ersatzbedarf. Wir erwarten, dass ungefähr 81.000 Kolleginnen und Kollegen in diesem Zeitraum für die Nachbesetzung zur Verfügung stehen. Denn es stehen bei weitem nicht alle Absolventen eines Medizinstudiums für die Patientenversorgung zur Verfügung. Wer rechnen kann, dem zeigt sich unschwer ein Rückgang der Arztzahlen im Jahre 2020.

Diese Vorbemerkungen waren wichtig, da eine Weiterentwicklung von Strukturen auch immer die Veränderung von Rahmenbedingungen berücksichtigen muss, wenn nachhaltige Verbesserungen in der Versorgung der Bevölkerung erreicht werden sollen.

Die Frage „Sektorenübergreifende Bedarfsplanung: Chance oder Risiko für die ambulante Versorgung?" erfordert eine Betrachtung aus unterschiedlichen Blickwinkeln. Zum einen aus Sicht des betroffenen Patienten, zum anderen aus Sicht des niedergelassenen Arztes, des weiteren aus Sicht des Krankenhauses, aber auch aus Sicht der Krankenkassen und nicht zuletzt auch aus Sicht der Ländergesundheitsministerien. Auf die Sicht Letzterer möchte ich hier nicht weiter eingehen, da dies im Laufe der zwei Tage bereits ausreichend geschehen ist.

Zunächst die Sicht des Patienten: Der Patient stellt fest, er kann ambulante fachärztlich spezialisierte Leistungen sowohl beim Niedergelassenen Arzt als auch im Krankenhaus in Anspruch nehmen. Im Krankenhaus sogar ohne Überweisung und ohne Praxisgebühr.

Im Saarland ist die Krankenhausdichte besonders hoch bezogen auf die Fläche. Wenn alle Krankenhäuser diese Leistungen anbieten, besteht wohnortnahe Flächendeckung. Krankenhäuser machen jetzt schon Reklame mit Hochglanzbroschuren und Zeitungsbeilagen und preisen Hochleistungsmedizin und modernsten Gerätepark für jedermann auf dem modernsten Stand der Wissenschaft an. Dass das nicht immer so ist, und oft an einzelne Personen gebunden ist, Stichwort persönliche Leistungserbringung, ist der Öffentlichkeit oft nicht bewusst. Aus Sicht der Patienten findet jetzt der berühmte Wettbewerb im Gesundheitswesen um den König Kunden statt und die Krankenkassen sollen die Leistungen möglichst günstig einkaufen, damit die Beiträge schön niedrig bleiben. Der Versicherte sagt sich aus seiner Sicht zu Recht: Wenn sich Niedergelassene und Krankenhäuser gegenseitig Konkurrenz machen, dann bekomme ich viel einfacher Termine, weil ich beide Seiten gegeneinander ausspielen kann. Das passiert nebenbei heute schon z. B. bei Kardiologen. Dort vereinbaren Versicherte Termine bei mehreren Kardiologen gleichzeitig und nehmen dann den frühesten Termin wahr, ohne die anderen Termine abzusagen.

Aus Sicht des Niedergelassenen birgt die sektorenübergreifende Bedarfsplanung, von der nebenbei zum jetzigen Zeitpunkt nicht mehr die Rede ist, sondern nur noch von sektorenübergreifender Versorgung nach der Maxime „Wer kann, der darf", ein Risiko für die Aufrechterhaltung der Versorgung. Am Beispiel unserer Praxis möchte ich das verdeutlichen: Das Krankenhaus, das sich in nächster Nähe unserer Praxis befindet, wird Leistungen nach §116b anbieten. Durch verschiedene Werbemaßnahmen wird mindestens ein Drittel unserer onkologischen Patientinnen die ambulante Behandlung im Krankenhaus wählen. Privatpatienten, bei denen das Krankenhaus den Direktzugriff hat, und die keine Überweisung benötigen, werden weiter überwiegend dort behandelt. Fehlt uns dann auch „nur" Drittel der bisherigen Patientinnen aus diesem hoch spezialisierten Versorgungsbereich, können wir die Infrastruktur für diese hochqualifizierte Versorgung – Onkologieschwestern, separate Räumlichkeiten, Chemo-Stühle, Infusomaten etc. – für diejenigen Patienten, die bei uns verbleiben, nicht mehr vorhalten.

Und was passiert in der Klinik, wenn dann ein Chefarztwechsel ansteht, was heute gar nicht mehr so selten ist. Und der neue Chefarzt hat die Qualifikation nicht. Was auch nicht mehr so selten ist. Dann bricht auch die Versorgung im Krankenhaus weg. In einer Praxis sind die Strukturen wesentlich langfristiger angelegt. Die Maxime „Wer kann, der darf", impliziert die Verabschiedung von jedweder Bedarfsplanung mit dem Effekt der Zerstörung einer funktionierenden Versorgung von schwer kranken Menschen. Vielleicht ist auch deshalb die Frage der Sicherstellung in diesem Versorgungssegment bisher nicht geklärt.

Es gibt aber auch Chancen für die Niedergelassenen. In Regionen, in denen Krankenhäuser Schwierigkeiten haben, entsprechend qualifizierte Chefärzte zu finden, werden sie mit Niedergelassenen kooperieren müssen und wollen. Die enge Kooperation mit Kolleginnen und Kollegen aus den Kliniken findet jetzt auch schon statt. Davon profitiert der Patient in hohem Maße. Denn unstrittig ist, dass die sektorenübergreifende Versorgung koordiniert werden muss, damit der Patient nicht „hilflos" zwischen den Versorgungsebenen steht. Tumorkonferenzen, gemeinsame Visiten, Telefonate, gemeinsame Fortbildungen sind geeignete und bewährte Instrumente.

Die Möglichkeit der Teilanstellung als Chefarzt reizt viele Kolleginnen und Kollegen, das in der Klinik Erlernte weiter anwenden zu können. Und für viele insbesondere kleinere Kliniken wird das der einzige Weg angesichts des zunehmenden „Fachkräftemangels" sein, Abteilungen überhaupt noch betreiben zu können. Allerdings reichen hier die bisher auf 13 Stunden zeitlich begrenzten Anstellungsmöglichkeiten nicht aus.

Honorartechnisch könnte es für Niedergelassene interessanter sein, hoch spezialisierte Leistungen aus dem budgetierten Praxisgeschehen auszugliedern, in Erwartung einer nicht budgetierten Vergütung. So wie das Krankenhaus in den niedergelassenen Bereich geht und dort zusätzliche Einnahmen generieren will, wird der Niedergelassene dies im Krankenhausbereich auch versuchen.

Aus der Sicht des Krankenhauses ist die unbegrenzte Öffnung für ambulante hoch spezialisierte Leistungen äußerst interessant. Natürlich will ein Krankenhaus in diesem Bereich tätig werden. Dort kommen auch die Patienten her, die stationär behandelt werden. Je mehr Patienten ein Krankenhaus ambulant versorgt, umso mehr potentielle stationäre „Fälle" sind vorhanden. Das Krankenhaus kann ein Vertrauensverhältnis aufbauen, sodass die Patienten es aufsuchen, wenn stationäre Behandlung erforderlich ist. Die Krankhäuser sehen natürlich auch eine Chance im Verdrängungswettbewerb – nicht unbedingt gegenüber den Niedergelassenen, die sie als Kooperationspartner weiter schätzen und als Einweiser weiter benötigen – aber gegenüber den Nachbarkrankenhäusern. Viele Krankenhäuser haben nach eigenem Bekunden Anträge zum §116b gestellt, weil auch das Nachbarkrankenhaus dies getan hat.

Die bereits oben erwähnte Möglichkeit der Teilanstellung als Chefarzt wird es einigen Krankenhäusern erst ermöglichen hoch spezialisierte Leistungen ambulant anzubieten. Bereits im stationären Betrieb bieten Krankenhäuser spezialisierte Operationen durch Konsiliarärzte an, um überhaupt konkurrenzfähig zu bleiben. Der Marburger Bund läuft bereits jetzt schon Sturm. Die Konsiliarärzte machen keine Nacht- und Wochenenddienste, erhalten Vergütungen, die Auswirkungen auf die übrigen Gehälter haben und die fest angestellten Ärzte haben das Nachsehen. Aus Sicht der Krankenhäuser stellt sich ebenso wie im niedergelassenen Bereich die Frage der Vergütung bisher nicht, oder vermeintlich nicht bezahlter Leistungen. Im Rahmen der Ermächtigung oder im Rahmen der stationären Behandlung, so ist die Überlegung, geht vieles unter und stehen dann noch teure Untersuchungen, wie z.B. MRTs , an, dann ist es schon eine Überlegung wert, diese Leistungen zu verlagern und aus einem anderen „Topf" zu finanzieren.

Wo sich Chancen auftun, tun sich fast immer aber auch Risiken auf. Da ist zum Einen das Risiko der Überforderung einer Struktur, wenn versucht wird, ohne Kooperation ambulant/stationär, die sektorenübergreifende Versorgungsebene für sich alleine zu besetzen. Weder der stationäre noch der ambulante Sektor wird dies auf Dauer alleine können. Also müssen Kooperationen auf Augenhöhe entwickelt und gelebt werden.

Zum anderen besteht das Risiko der „Ver- bzw. Überbürokratisierung". Allein die im Entwurf des Versorgungsgesetzes angedachten Regelungsbedarfe sind bereits dazu angetan, sinnvolle patientennahe Versorgung im Keim zu ersticken. Wer wird sich auf diese Flut von Regelungen einlassen, die großteils erst in den kommenden Jahren ausformuliert werden sollen? Insbesondere die überreiche

Regelungskompetenz des Gemeineinsamen Bundesausschusses lässt realitätsferne, versorgungshemmende keineswegs zeitnahe und nicht im Aufwand vorhersehbare Regelungen erwarten. Wird es da für die vor Ort Versorgenden nicht einfacher sein, sich auf die Grundversorgung auszurichten? Schon heute ist es zum Beispiel in meinem Fachgebiet viel lukrativer und sowohl zeitlich als auch emotional viel weniger belastend, ausschließlich Krebsfrüherkennung und Schwangerenvorsorge anzubieten.

Darüber hinaus entstehen Reibungsverluste durch die zusätzliche Versorgungsebene. Sektorenübergreifend wird eine neue Ebene installiert. Die bestehenden Ebenen werden eben nicht verschmolzen, was zum Beispiel mit dem Instrument der Ermächtigung von Krankenhaus- und niedergelassenen Ärzten zu Erbringung dieser dann noch zu definierenden Leistungen geschehen könnte. Mit der bisher geplanten Regelung zerfasern wir die Versorgung. Damit meine ich folgendes: Der Hausarzt, der den Patienten im Gesamtkontext betreuen soll – oder soll er das dann nicht mehr? – weiß nicht mehr, ob sein Patient aktuell beim Facharzt in der Praxis oder beim Facharzt in der Klinik behandelt wird, denn eine Überweisung ist nicht mehr erforderlich. Mein Vorstandskollege Herr Dr. Meiser, selbst Hausarzt, sagt mir oft, er würde es begrüßen, einen Arztbrief oder zumindest eine Information zu bekommen, damit er vor dem Hausbesuch am Wochenende weiß, dass sein Patient, den er seit Monaten nicht mehr gesehen hat, Metastasen hat. Die schon bisher gemachten Erfahrungen zeigen, dass Koordinieren immer schwieriger, wenn nicht geradezu unmöglich werden wird. Nebenbei: Wer hat eigentlich den Sicherstellungsauftrag für diese neue Versorgungsebene? Die Kassenärztlichen Vereinigungen, die Krankenhäuser, die Krankenkassen oder die Länderministerien, die die Genehmigungen erteilen? Und wer versorgt dann zur „Unzeit", abends, am Wochenende, zu Hause? Hat das Land den Sicherstellungsauftrag, wenn die ambulante Versorgung im Krankenhaus stattfindet und die KV wenn der Patient dann zum Hausarzt geht?

Unklar sind auch die finanziellen Regelungen zu denen Leistungen im spezialisierten Bereich vergütet werden sollen. Wird nach EBM, GOÄ oder DRG vergütet? Wird dann budgetiert, pauschaliert oder als Einzelleistung vergütet? Wird die Gesamtvergütung der Kassenärztlichen Vereinigungen bereinigt? Werden die DRGs bereinigt? Wie wird die weiter zunehmende Leistungsverlagerung aus dem stationären in den ambulanten Bereich berücksichtigt? Ausschließlich durch Bereinigung im ambulanten Bereich, wie bisher in den Entwürfen vorgesehen?

In jedem Fall werden mehr Finanzmittel erforderlich sein als bisher. Auch das Verhalten des Versicherten muss berücksichtigt werden. Schon jetzt zeigt die Erfahrung, dass gerade die Patienten, die von diesen speziellen schweren Erkrankungen betroffen sind, mehrere Meinungen einholen, bevor sie die Entscheidung treffen, wo, wie und von wem sie sich behandeln lassen. Zurzeit spielt sich das alles in der budgetierten Gesamtvergütung ab. Wie ist das in Zukunft dann geregelt? Was hindert den schwerkranken Menschen daran, drei

Krankenhäuser zum gleichen ambulanten Fachgebiet aufzusuchen und dazu noch zwei Praxen, die ebenfalls dieses Leistungsspektrum haben? Und das eventuell noch quer durch die Bundesrepublik, also auch KV- und Länderübergreifend. Und das bei regionalisierten Vergütungsvereinbarungen. Eine weitere Kostenexplosion oder eine weitere noch stringentere Budgetierung sind zwangsweise die Folge. Also ist bei aller Freiheit eine Steuerung sinnvoll und notwendig. Da der Patient sich zunächst in der haus- und oder fachärztlichen Grundversorgung bewegt, bietet sich eine Steuerung über eine obligate Überweisung an. Was nebenbei im Bereich der Onkologievereinbarungen, auch unter Einbeziehung von Klinikambulanzen und Ermächtigungen bereits gut funktioniert und von allen Beteiligten akzeptiert ist.

Was sind also die Voraussetzungen, damit die Etablierung einer ambulanten sektorenübergreifenden Versorgungsebene gelingt?

Zunächst benötigen wir klare Regeln. Ein „Wer kann, der darf" wird nicht ausreichen. Als Grundlage eines Versorgungsmodells für schwer kranke Menschen, ist dieser Spruch ein Hohn. Ebenso wenig ziel führend ist die Absicht, die Versorgung über Selektivverträge regeln zu wollen. Die Erfahrungen mit Selektivverträgen zeigen, dass Versorgung damit bisher nicht geregelt wurde. Insbesondere Versorgung von schwer kranken Menschen. Hier ist es auch unnötig, ein Modul „zeitnahe" Terminvergabe einzubauen. In diesem Bereich funktioniert die Koordination, Kooperation und zeitnahe Versorgung. Abgesehen davon, dass die Bereitschaft der Kostenträger, Selektivverträge, wenn sie denn etwas kosten sollen und werden, zurzeit äußerst gering ist. Und zwar gerade durch den ausgerufenen Wettbewerb der Kostenträger untereinander.

Weiterhin benötigen wir klare realitäts- und zeitnahe Regelungen. Diese Regelungskompetenz an den Gemeinsamen Bundesausschuss zu geben, war bereits bei der bisherigen Regelung des §116b nicht hilfreich sondern eher kontraproduktiv. Im Gesetz stand „für schwere Erkrankungen mit besonderen Verläufen" und für „seltene Erkrankungen". Letzteres ist unstrittig und gelöst, war es aber auch vorher durch bereits vorhandene Zentrumsbildungen.

Ersteres wurde geregelt durch völlige Öffnung für alle onkologischen Erkrankungen, unabhängig vom Schweregrad oder Stadium, ohne Berücksichtigung des Bedarfs und ohne Möglichkeit der Teilnahme der niedergelassenen spezialisierten, bereits vorhandenen Ärztinnen und Ärzte.

Natürlich schicken auch wir unsere Patientinnen bei bestimmten Fragestellungen in die Klinikambulanz zum ermächtigten Kollegen. Aber eben nur bei bestimmten Fragestellungen. Und unsere Patientinnen sind auch froh, nicht mehr in die Klinik zu müssen, egal ob ambulant oder stationär. Sie schätzen nämlich auch, dass sie immer den gleichen Ansprechpartner haben. Im niedergelassenen Bereich gilt das Primat der persönlichen Leistungserbringung und des Facharztstandards. Dies muss dann auch im Klinikbereich so sein. Es darf dann dort nicht heißen, der Assistent versorgt und der Chef passt auf, und dann ist das auch Facharztniveau.

Wir brauchen auch gleiche Regeln zur Qualitätssicherung. Die Qualitätsberichte der Kassenärztlichen Vereinigungen zeigen deutlich und klar, wie sich dieser Bereich entwickelt hat. Von Anfangs etwa acht Bereichen, existieren inzwischen über 50 Regelung zur Überwachung und Dokumentation der Qualität der erbrachten Leistungen. Für die ermächtigten Krankenhausärzte ist es immer so etwas wie ein „Kulturschock", wenn sie das erste Mal mit der Qualitätssicherung Bekanntschaft machen. Dann allerdings sind auch sie vom Nutzen und von der Notwendigkeit überzeugt. Viele von ihnen arbeiten intensiv in unseren Qualitätssicherungskommissionen mit und sind auch von den Kolleginnen und Kollegen mit ihrer Expertise geschätzt.

Wie verhält es sich mit den Grundsätzen des SGB V, nach denen die erbrachte Leistung „ausreichend, wirtschaftlich und zweckmäßig" zu sein hat? Dies muss dann auch für alle Teilnehmer dieser übergreifenden Versorgung gelten, oder eben für alle nicht mehr gelten. Wir sehen immer wieder, dass es eine Weile braucht, bis ein Kollege, der aus dem Krankenhaus in die Niederlassung geht, diese Grundsätze bei der täglichen Arbeit mit dem Patienten anwendet. Kennt er aus dem Krankenhaus doch eher die Orientierung am neuesten Stand der Wissenschaft, oder an den neuesten Studien und dem medizinisch Machbaren.

Auch die Umsetzung der §§ 115a und 115b muss geregelt werden. Oft werden Leistungen der Krankenhäuser aus diesem Bereich teilweise in den niedergelassenen Bereich „verschoben" zu Lasten der Gesamtvergütung.

Klare Regeln auch zur Vergütung durch den Bewertungsausschuss sind auch hier Voraussetzung für ein Gelingen. Bei der doch recht häufigen Verweigerungshaltung der Kostenträgerseite muss hier rechtzeitig der Gesetzgeber entsprechende Vorgaben machen. Sonst werden auch im Vergütungsbereich weder zeit- noch realitätsnahe Regelungen zustande kommen. Und auch damit steht und fällt die erfolgreiche und notwendige Einführung der sektorenübergreifenden spezialisierten ambulanten Versorgung.

Zur Umsetzung bedarf es einer Arbeitsgemeinschaft auf regionaler Ebene. In dieser Arbeitsgemeinschaft müssen alle vertreten sein, die betroffen sind. Das heißt Krankenkassen, Krankhausgesellschaft, Kassenärztliche Vereinigungen und die genehmigenden Aufsichtsbehörden. Eine notwendige Teilnahme der Ärztekammern sehe ich nicht. Allerdings muss eine politische Einflussnahme auf Versorgung insoweit ausgeschlossen werden, als es nicht sein kann, dass ein Bürgermeister oder Landrat mit der Forderung kommt allein aus Standortgründen für seine Gemeinde oder seinen Landkreis sei ein Zentrum an seiner Klinik für gerade diese Versorgung unbedingt erforderlich. Bei der Krankenhausdichte im Saarland würde das fatale Folgen haben. Wer die Einflussnahme der Krankenhausträger bei der Krankenhausplanung mitverfolgt, weiß, wovon ich rede.

Ich komme zu meinem Fazit:

Die Etablierung einer sektorenübergreifenden Bedarfsplanung für den Bereich der spezialisierten ambulanten fachärztlichen Versorgung ist dringend erforderlich. „Wer kann, der darf" wird Versorgungschaos und nebenbei jahrelange Prozesse vor den Gerichten bewirken. Wie oben dargelegt, brauchen wir dazu klare Regeln, die auch im zwischenzeitlich vorliegenden Referentenwurf zum Versorgungsgesetz nicht zu finden sind.

Die sektorenübergreifende Bedarfsplanung bietet die Chance, aber nicht die Gewähr, unter dem Aspekt der Bevölkerungsentwicklung und der Arztzahlentwicklung in der Zukunft den bisherigen hohen Qualitätsstandard der fachärztlichen spezialisierten Behandlung – und nur darauf habe ich abgestellt – zu halten und weiter zu entwickeln, und zwar nicht wie bisher zu Lasten der fachärztlichen Grundversorgung.

Fachärztliche spezialisierte sektorenübergreifende Behandlung ist kein Mittel zur Kostendämpfung, sondern wird im Gegenteil zu Kostensteigerungen führen und in Anbetracht der Morbiditätsentwicklung und des medizinischen Fortschritts auch führen müssen.

Voraussetzung ist die Kooperationsbereitschaft zwischen Niedergelassen und Krankhausärzten, die im Regelfall bereits gegeben ist, und die nicht durch vermeintliche Einführung des freien Wettbewerbs um schwer kranke Menschen, in eine für unsere Patienten fatale rücksichtslose Konkurrenzsituation umschlagen darf.

Hierzu benötigen wir einerseits Regeln und Vorgaben durch den Gesetzgeber und andererseits eine Bedarfplanung, die diese Regeln begleitet und umsetzt. Diese Planung muss regional erfolgen und regionalen Behandlungsbedarf berücksichtigen, da die Gegebenheiten in unterschiedlichen Regionen in der Bundesrepublik auch sehr unterschiedlich sind.

Abschließend erwarte ich, dass die Regelungen, die erarbeitet werden, uns nicht die gleichen Probleme machen, wie die „alten" §§ 115a, 115b und insbesondere 116b. Schließlich kann jeder Fehler machen, insbesondere in unserem komplizierten Gesundheitswesen. Aber die gleichen Fehler zweimal zu machen, sollte sich vermeiden lassen. Oder beabsichtigt die Politik mittelfristig, die niedergelassene fachärztliche Versorgungsebene in der Bundesrepublik abzuschaffen?

Vielen herzlichen Dank für die Aufmerksamkeit.

Umbruch der Versorgungsstrukturen im Gesundheitswesen und Grundgesetz

von Rainer Pitschas[*]

I. Die Gesundheitsreform 2011 und das GKV-Versorgungsgesetz

1. Fortentwicklung des Gesundheitswesens durch die Gesundheitsreform 2011

Während die „Eckpunkte" des geplanten GKV-Versorgungsgesetzes noch auf sich warten lassen[1], hat der Bundesgesetzgeber die Reihe seiner „Gesundheitsreformen" inzwischen fortgesetzt. Am 1. Januar traten als größere Reformvorhaben das Gesetz zur nachhaltigen und sozial ausgewogenen Finanzierung der gesetzlichen Krankenversicherung (GKV-FinG)[2] sowie das Arzneimittelmarktneuordnungsgesetz (AMNOG)[3] in Kraft. Beide Artikelgesetze folgten dem vielgescholtenen Gesetz zur Stärkung des Wettbewerbs in der gesetzlichen Krankenversicherung (GKV-Wettbewerbsstärkungsgesetz-GKV-WSG), in Kraft getreten zum 01. April 2007[4], mit dem das Parlament einen „Systemwandel" im deutschen Gesundheitswesen eingeleitet hatte[5]. Doch ist daran zu erinnern, dass die mit dem GKV-WSG intendierte „Gesundheitsreform 2007" stets in Verbindung mit dem „Gesetz zur Modernisierung der gesetzlichen Krankenversicherung (GKV-Modernisierungsgesetz-GMG)" vom 14. November 2003[6] sowie mit dem zum 1. Januar 2007 in Kraft getretenen „Gesetz zur Änderung des Vertragsarzt-

---

[*] Überarbeitete und mit Anmerkungen versehene Fassung meines Vortrags im Rahmen der 13. Speyerer Gesundheitstage am 25. März 2011.
[1] Vgl. aber und einerseits den Beschl. der 83. Gesundheitsministerkonferenz der Länder (GMK)in der medizinischen Versorgung vom 01.07.2010, TOP 5.1; andererseits die (14)Vorschläge der CDU/CSU-Fraktion im Dt. Bundestag/Arbeitsgruppe Gesundheit für eine Reform der medizinischen Versorgung in Deutschland vom 18.01.2011 mit Schwerpunkt auf der Einrichtung künftig „regionaler Versorgungsausschüsse" auf Landesebene und einer „Bedarfsplanung, kleinräumig und flexibel" sowie drittens das Positionspapier zum geplanten Versorgungsgesetz aus dem BMG vom 23.02.2011 (www.aerzteblatt.de/11429).
[2] Vom 22.12.2010 (BGBl. I 2010, S. 2309).
[3] Vom 22.12.2010 (BGBl. I 2010, S. 2262).
[4] Vom 26.03.2007 (BGBl. I 2007, S. 378).
[5] Vgl. Bitter, GesR 2007, 152; Pfeiffer, ZMGR 2007, 119; Pitschas, Verfassungs- und sozialrechtliche Bewertung der Regelungen des GKV-Wettbewerbsstärkungsgesetzes, in: Ders. (Hg.), Gesetzliche Krankenversicherung und Wettbewerb, 2008, S. 109 ff.
[6] BGBl. I 2003, S. 2190; hierzu u. a. Muckel/Hiddemann, NJW 2004, 7.

rechts und anderer Gesetze (Vertragsarztrechtsänderungsgesetz-VÄndG)"[7] gesehen werden muss.

An diese drei Gesetze schließt nunmehr mit den eingangs genannten Bestimmungen die „Gesundheitsreform 2011" an. Aber auch diese zieht sich hin. Dem GKV-FinG und dem AMNOG soll im Verlauf des Jahres ein „großes" Versorgungsgesetz folgen, dessen Ziel es sein wird, in Deutschland die Versorgung mit ärztlichen und pflegerischen Dienstleistungen nachhaltig, flächendeckend und wohnortnah zu sichern[8].

Die beschriebene Kaskade von Reformgesetzen zur Regulierung des Gesundheitssektors gibt jedoch schon jetzt zu erkennen, dass sich die Versorgungsstrukturen in einem tiefgreifenden **Umbruch** befinden. Dieser erwächst nicht nur aus den auch rechtlich belangvollen Geboten ökonomisch sinnvoller Effektivität und Effizienz der zu treffenden Maßnahmen einschließlich eines Wandels von der Bedarfs- zur Versorgungsplanung, zu Honorarreformen und des Übergangs zu einer Pflegereform. E r muss zugleich der Prüfung standhalten, ob der **verfassungsrechtliche Rahmen** dieser Re-Regulierung des Gesundheitswesens eingehalten wird.

Im Folgenden werden deshalb und zunächst (I.) die einzelnen gesetzgeberischen Regulierungsschritte näher vorgestellt, um im Anschluss hieran den dadurch eintretenden Umbruch der Versorgungsstrukturen zu analysieren (II.) und ihn auf seine Vereinbarkeit mit der „Gesundheitsverfassung" des Grundgesetzes als ein komplexes Programm der Re-Regulierung des Gesundheitssektors zu befragen (III.)[9]. Dabei zeigen sich erhebliche verfassungsrechtliche Problemlagen. Diese betreffen sowohl die Anforderungen des Grundgesetzes an die solidarische Beitragsfinanzierung der GKV, die vergleichende Nutzenbewertung von Arzneimitteln als auch den allmählichen Strukturwandel in der ambulanten Versorgung sowie die beabsichtigte Integration der Versorgungssektoren, die mit der Forderung der Gesundheitsministerkonferenz nach einer direkten Beteiligung der Bundesländer an der Versorgungssteuerung einhergehen[10].

---

7 Vom 22.12.2006 (BGBl. I 2006, S. 3439); hierzu u. a. Orlowski, VSSR 2007, 157.
8 Rieser, DÄBl., Jg. 108 (2011), H. 9, C 345; s. ferner die Nachw. in Fn. 1.
9 Zu derartigen „Subsystemen" des Grundgesetzes als heuristische Verselbständigung von Regelungsbereichen s. schon früh Scholz/Pitschas, in: FS zum 25jährigen Bestehen des Bundessozialgerichts, 1979, S. 627 (639 ff.); die „Gesundheitsverfassung" zählt hierzu. Gegenrechtliche Leitmaßgaben solcher Teil-„Verfassungen" wendet sich allerdings BVerfGE 50, 290 (336 ff.).
10 Hierzu der Beschl. der GMK vom 01.07.2010 (Fn.1).

2. Das GKV-Finanzierungsgesetz als Kostendämpfungsprogramm des Gesetzgebers

a) Einsparungen

Mit dem GKV-FinG wird zunächst dem **Gesundheitsfonds** geholfen. Durch eine Mischung aus erhöhten Einnahmen und Ausgabenbegrenzungen für die Gesundheitsdienstleistungen will der Gesetzgeber erreichen, dass im Jahr 2011 keine Zusatzbeiträge von den Versicherten erhoben werden müssen. Allerdings wollte er nicht darauf verzichten, dem Fonds zusätzliche Finanzmittel zur Verfügung zu stellen. Diesem fließen deshalb und einerseits erhebliche Beträge aus weiteren Steuermitteln zu, anderseits wurde der einheitliche Beitragssatz in der GKVgem. § 241 SGB V i. V. m. § 20 Abs. 3 S. 2 SGB IV auf 15,5 % (Arbeitgeber: 7,3 % - Arbeitnehmer: 8,2 %) angehoben. Zugleich begrenzt das GKV-FinG sowohl für den ambulanten als auch für den stationären Sektor die Ausgabenzuwächse[11].

Für die **Vertragsärzte** folgt daraus, dass sich die von ihnen erwünschte und einst regierungsseitig vorgesehene prinzipielle Honorarreform als eine Schimäre erweist. Weder Veränderungen in der Morbidität der Versicherten noch veränderte Praxiskosten oder andere Indikatoren spielen nunmehr für die Honorarbemessung eine größere Rolle. Stattdessen steigt 2011 die Gesamtvergütung linear um 1,25 %, woraus sich immerhin ein Honorarzuwachs von etwa 1 Mrd. Euro im Jahr ergibt[12].

Einsparungen sind auch in der **hausarztzentrierten ärztlichen Versorgung** zu vermerken. Die außerhalb des Kollektivvertragssystems abgeschlossenen sog. Selektivverträge dürfen nur dann höhere Honorare versprechen, wenn diese durch Einsparungen in anderen Bereichen, z. B. bei den Arzneimitteln kompensiert werden. Auf diese Weise wird den verfassungsrechtlichen Bedenken gegen § 73 b SGB Rechnung getragen[13], zugleich aber ein fragwürdiges „Koppelungsgeschäft" zu Lasten des Arzneimittelmarktes durchgeführt. Überdies dürfen die **Preise** für **Krankenhausleistungen** in diesem Jahr nur um 180 Mio. € steigen sowie lediglich auf der Basis einer auf 0,9% verminderten Grundlohnrate. Darüber hinaus müssen die Krankenhäuser, die derzeit finanziell durch die Fallpauschalen ohnehin „gebeutelt" sind und sich in einer Art „Absenkungsspirale" be-

---

11 Zusammenfassend dazu Schmitt-Sausen, DÄBl., Jg. 108 (2011), H. 12, C 502.
12 Flintrop, Jahresausblick 2011: Ein Blick auf Philipp Röslers Agenda, DÄBl., Jg. 108 (2011), H. 1 – 2, C 18 ff.
13 Zu diesen Kingreen/Temizel, ZMGR 2009, 134 ff.; Pitschas, Vertragswettbewerb in der ambulanten Gesundheitsversorgung, 2010, insbes. S. 57 ff., 73 ff.; Walter, NZS 2009, 307 ff.

finden[14], einen Abschlag im Jahr 2011 in Höhe von 30 % bei gegenüber dem Vorjahr zusätzlich erbrachten Leistungen hinnehmen. Im Ergebnis folgt aus alledem ein umfangreiches **Kostendämpfungsprogramm**, dass gleichzeitig mit erheblichen bürokratischen Belastungen für die Akteure im Gesundheitswesen, d. h. für die Leistungserbringer verbunden ist.

b) Festschreibung des Arbeitgeberbeitrags zur GKV

Die zentrale Aussage des GKV-FinG liegt allerdings in der Festschreibung des Arbeitgeberbeitrags in der solidarischen Krankenversicherung. In der Folge dessen werden seit dem Januar 2011 steigende Ausgaben in der GKV keine Auswirkungen mehr auf die Lohnnebenkosten haben. Daraus aber folgt wiederum, dass die Mitglieder in der GKV künftig sämtliche über deren Einnahmeentwicklung hinausgehende Ausgabenbelastungen selbst und individuell finanzieren müssen, nämlich über **einkommensunabhängige Zusatzbeiträge**. Deren kassenindividuelle Höhe (§ 242 SGB V) wird nicht mehr begrenzt; allerdings ist gem. § 242 b SGB V ein **Sozialausgleich** der dadurch ad personam auftretenden Belastungen über Steuermittel vorgesehen. Anderen Orts ist dieser Finanzierungsbeitrag der Mitglieder in der GKV als eine „kleine Prämie" bezeichnet worden.

c) Tendenzieller Übergang zur „Kopfpauschale"

Letztlich kommt es auf diese Weise zur Einführung eines **Prämienmodells** im deutschen Gesundheitswesen. Die Einstellung der lohnbezogenen Beitragsfinanzierung in der GKV auf zusätzliche einkommensunabhängige Pauschalen („Kopfpauschalen") erinnert in diesem Zusammenhang an die insoweit in der Vergangenheit überaus streitig und ausgiebig mit verfassungsrechtlichen Argumenten belegte Diskussion über die „Bürgerversicherung" einerseits und die (vermeintlichen) Vorteile einer sozial abgefederten „Kopfpauschale" andererseits[15].

Die Finanzierung der Gesundheitsausgaben unter Trennung von der Entwicklung der Lohnsumme scheint zunächst ökonomisch sinnvoll. Denn die Kosten der Gesundheitsvorsorge haben nur indirekt mit der konjunkturellen Entwicklung zu tun. Bedenken jedoch ruft die **funktionelle Verbindung des Sozialausgleichs mit einem Prämienmodell** hervor, weil es nicht mehr um die Beitrags-

---

14 Baum, Auswirkungen des GKV-FinG auf die Sicherstellung der ärztlichen Versorgung, Vortrag am 24. März 2011 auf den 13. Speyerer Gesundheitstagen, vvM., S. 2
15 F. Kirchhof, NZS 1999, 161 ff.; Pitschas, Die Zukunft der sozialen Sicherungssysteme, in: VVDStRL Bd. 64 (2005), S. 109 (131 ff.); ferner Gethmann/Gerok/Helmchen/Henke/Mittelstraß/Schmidt-Aßmann/Stock/Taupitz/Thiele, Gesundheit nach Maß?, 2004, S. 207 ff.

finanzierung von Gesundheitsdienstleistungen, sondern nunmehr um eine in erheblichem Ausmaß gem. § 221 b SGB V steuerfinanzierte Gesundheitsversorgung geht. Die **Solidarität** mit den einkommensschwächeren Mitgliedern der Gesellschaft wird dadurch in die direkte Abhängigkeit zum Staatshaushalt gerückt, was nicht allein erhebliche verfassungsrechtliche Fragen im Hinblick auf den gleichheitsrechtlich-sozialstaatlich und zugleich gemeinschaftsrechtlich fundierten Solidaritätsgrundsatz aufwirft.

d) Sicherstellungszuschläge zur vertragsärztlichen Vergütung

Ob allerdings **alle** dieser Regelungen in naher oder ferner Zukunft wirklich Bestand haben werden, steht in den Sternen. Mit Blick auf das künftige „Versorgungsgesetz" hat die Bundesregierung bereits angekündigt, die bereits jetzt im GKV-FinG enthaltene Möglichkeit zur Zahlung von Sicherstellungszuschlägen an Vertragsärzte in unterversorgten Gebieten kräftig auszunutzen. Gestrichen wurden gleichzeitig die Honorarabschläge in überversorgten Gebieten. Ob diese **regulative Anreizpolitik** erfolgreich sein wird, gerät allerdings zur großen Frage. Neuere Untersuchungen legen hierzu eine differenzierte Sicht näher[16]. Deshalb wird man über die Anreizsteuerung erneut nachdenken müssen – mit der eventuellen Folge, dass durch das „Versorgungsgesetz" womöglich das GKV-FinG geändert werden wird.

3. Das Arzneimittelmarktneuordnungsgesetz (AMNOG)

a) Zulassung und vergleichende Nutzenbewertung für neue Arzneimittel

Im Verlauf der bisherigen Streitigkeiten um die Regulierung des Arzneimittelmarktes in Deutschland hatte sich bereits seit längerem abgezeichnet, dass es auch hier zu einer Re-Regulierung kommen würde. Nunmehr wird mit dem AMNOG die **vergleichende Nutzenbewertung** für neue Arzneimittel eingeführt[17]. Spätestens drei Monate nach der Zulassung muss ihr zufolge der Arzneimittelhersteller den medizinischen Zusatznutzen seines Präparates nachweisen und innerhalb eines Jahres mit den Kassen darüber einen angemessenen Preis aushandeln. Für neue Medikamente ohne Zusatznutzen, die sog. „Scheininnovationen" wird ein Höchstbetrag festgelegt.

---

16 Vgl. König/Günther/Kürstein/Riedel-Heller, Versorgungsforschung: Anreize für die Niederlassung, DÄBl., Jg. 108 (2011), H. 9, C 358 f.; die Verf. betonen die herausragende Rolle nicht-monetärer Anreize für eine Niederlassung auf dem Land.
17 § 35 a Abs. 1 SGB V i. d. F. des Art. 1 AMNOG (Fn. 3).

b) Einführung der vergleichenden Nutzenbewertung für Arzneimittel

Diese gesetzgeberische „Innovation" bedeutet, dass künftig unter dem Aspekt der vergleichenden Nutzenbewertung der **Gemeinsame Bundesausschuss** (G-BA), der sich nach § 35 b Abs. 1 und 3 SGB V auf die Expertise des Instituts für Qualität und Wirtschaftlichkeit im Gesundheitswesen („IQWiG") stützt, entscheiden wird, welche Arzneimittel durch die gesetzlichen Krankenkassen in welcher Höhe erstattungsfähig sind[18]. Dagegen prüft das Bundesinstitut für Arzneimittel und Medizinprodukte (BfArM) die Wirksamkeit, Unbedenklichkeit und pharmazeutische Qualität des Arzneimittelproduktes. Das Ergebnis dieser Prüfung führt allerdings noch nicht dazu, dass die GKV das Arzneimittel dem gesetzlich Versicherten auch finanziert. Hierzu bedarf es der Entscheidung des G-BA, die das Medikament einer Festbetragsgruppe zuordnet.

Will das Pharmaunternehmen dagegen einen höheren Preis ansetzen, muss es nachweisen, dass sein Produkt gegenüber vorhandenen Arzneimitteln einen zusätzlichen Nutzen aufweist. Diesen **Zusatznutzen** prüft ebenfalls der G-BA. Bei einem positiven Ergebnis der Nutzenbewertung kann der Unternehmer nunmehr Preisverhandlungen mit dem GKV-Spitzenverband führen[19].

c) Eingriff in die freie Arzneimittelpreisbildung

Die gesetzliche Regelung begegnet erheblichen, auch verfassungsrechtlichen Bedenken. Denn sie stellt einen **Eingriff** in die freie Arzneimittelpreisbildung der pharmazeutischen Unternehmen dar. Mag zwar die Behauptung zutreffen, dass derzeit in Deutschland im Vergleich zu anderen Mitgliedsstaaten der Europäischen Union (EU) für vermeintlich innovative Arzneimittel viel zu hohe Preise verlangt werden, so darf aber der Gesetzgeber durch entsprechende Nachweis- und Rabattpflichten, also im Ergebnis über **regulative Preisdirigismen** die Pharmaproduzenten nicht ohne weiteres im Vertragswettbewerb gruppennützig zu Gunsten der GKV belasten und die Wirtschafts- und Wettbewerbsfreiheiten der ersteren sowie den allgemeinen Gleichheitssatz einschränken. Die Entlastung der gesetzlichen Krankenversicherung muss vielmehr an den auch für die Gesundheitswirtschaft geltenden Eigentums- und Berufsfreiheitsgrundrechten der Unternehmen gemessen werden. Dabei spielen insbesondere der

---

18 Vgl. zu den insoweit auftretenden Komplikationen aber Pitschas, Information der Leistungserbringer und Patienten im rechtlichen Handlungsrahmen von G-BA und IQWiG: Voraussetzungen und Haftung, MedR 2008, 34: das vom IQWiG erarbeitete und kommunizierte „Wissen" hat eine spezifische und rechtsschutz- bewehrte Qualität!
19 § 35 a Abs. 1 und 3 SGB V i. d. F. des Art. 1 AMNOG (Fn. 3) in Verb. mit § 130 b SGB V n. F.

Verhältnismäßigkeitsgrundsatz sowie der prozedurale Grundrechtsschutz eine maßgebliche Rolle[20].

4. Das (künftige) Versorgungsgesetz

a) Zielsetzung: Sicherstellung der medizinischen Versorgung in der Fläche

Dem bevorstehenden **Versorgungsgesetz** geht es vor allem um die Sicherstellung der medizinischen Versorgung für die Bevölkerung außerhalb der städtischen und mancher regionalen Ballungsräume. Viele niedergelassene Ärzte finden entgegen der Mär von einer medizinischen Überversorgung in Deutschland[21] keine Praxisnachfolger. Es besteht ein relativer Ärztemangel vor allem in den ländlichen Gebieten. Die steigende Zahl der in den Ruhestand gehenden ärztlichen Leistungserbringer wird dieses Problem noch verschärfen. Bis 2020 prognostiziert die Kassenärztliche Bundesvereinigung (KBV), dass etwa 24.000 Hausärzte und 28.000 Fachärzte ausscheiden werden. In den Krankenhäusern sind darüber hinaus schon heute mehr als 6.000 ärztliche Stellen vakant[22].

Nicht von ungefähr hat der G-BA zur Orientierung der Versorgung am Bedarf ferner auf den demografischen Trend abgestellt, der die Versorgungsdefizite erhöhen wird. Gleichwohl darf der G-BA nicht selbst, wie mit Beschluss vom 15. Juli 2010 geschehen[23], die Bedarfsplanungs-Richtlinie um die Einführung eines Demografiefaktors ergänzen. Es handelt sich dabei um eine **wesentliche** Regelung der Maßstäbe zur Feststellung von Überversorgung und Unterversorgung in der vertragsärztlichen Versorgung, die von freiheitsbeschränkender Tragweite ist und die einer gesetzlichen Grundlage bedarf. Da diese derzeit fehlt, erscheint die Ergänzung der Bedarfsplanungs-Richtlinie verfassungswidrig. Folgerichtig will hier das Versorgungsgesetz, das die möglichst flächendeckende Versorgung mit ärztlichen und pflegerischen Dienstleistungen sichern und dessen Kernstück die Reform der Bedarfsplanung darstellen soll, durch **gesetzliche** Regelung nachbessern.

---

20 U. Becker, Verfassungsrechtliche Bindungen der Krankenkassen bei Kooperationsvereinbarungen, in: Voit (Hg.), Gesundheitsreform 2007, 2008, S. 136 (139, 140 ff.).
21 Wohltuend abgewogen dagegen Jacobs, Versorgung am Bedarf orientieren, in: AOK-Bundesverband (Hg.), Demografische Entwicklungs-Herausforderung für die gesundheitliche Versorgung im ländlichen Raum, 2010, S. 41, 43: „Zwischen Über- und Unterversorgung".
22 Flintrop (Fn. 12), C 19.
23 „Beschluss des Gemeinsamen Bundesausschusses über eine Änderung der Bedarfsplanungs-Richtlinie:Einführung eines Demografie-Faktors", DÄBl., Jg. 108 (2011), H. 9, C 47.

b) Reform der vertragsärztlichen Bedarfsplanung

Einige Planungsmaßstäbe für eine verbesserte Planung sind auch bereits derzeit im Gespräch. Zu ihnen gehört eine „neue Flexibilität" der Planung, die nicht mehr an Stadt- und Landkreisgrenzen haltmachen, sondern einen **regionalen Bezug** aufweisen soll[24]. Trotz Bedenken gegenüber einer Fortsetzung der Bedarfsplanung als solcher, die sich hinsichtlich der eingetretenen Versorgungsmängel als ungeeignet erwiesen hat, will der Gesetzgeber an diesem Instrument festhalten[25]. Sie wird in Teilen **sektorenübergreifend** organisiert werden, was vor allem eine Änderung des § 116 b SGB V bedeuten könnte und darüber hinaus die Rolle der Medizinischen Versorgungszentren (MVZ) erweitert. In Aussicht gestellt hat das Bundesministerium für Gesundheit (BMG) ferner, den Beschluss des G-BA zum demografischen Faktor bei der Berechnung der Bedarfsplanung zu berücksichtigen. Hierbei handelt es sich um eine verfassungsrechtliche Pflicht; denn der Versuch, ungeachtet der vom BVerfG entschiedenen Zulässigkeit planhafter Regulierung der Berufsfreiheit die Zahl der Arztsitze in einem Planungsbereich künftig nicht mehr nur an der Einwohnerzahl, sondern auch an deren Altersstruktur zu bemessen, stellt eine wesentliche Entwicklungsgröße der hoheitlichen Regulierung freier Berufswahl dar, die als solche nur dem Gesetzgeber zusteht[26].

Die **gemeinsame Bedarfsplanung** für den ambulanten und stationären Sektor ist aber noch aus anderen Gründen verfassungsrechtlich problematisch. Denn wenn es intersektoral darum geht, die Bedarfsplanung mit der Krankenhausplanung zu verknüpfen, kommen die **Länder** ins Spiel. Die bundesgesetzliche Bedarfsplanung über die Gesundheitssektoren hinweg findet an den Länderkompetenzen im Rahmen der konkurrierenden Gesetzgebung (Art. 74 Abs. 1 Nr. 19 a GG) ihre Grenzen, freilich nicht nur insoweit.

c) Vergütungsreform als Niederlassungsanreiz und im Krankenhaussektor

Langfristig wird die medizinische Versorgung zwar nur gesichert sein, wenn genügend Ärztinnen und Ärzte ihren Beruf auch ausüben wollen. Doch ist dies nicht nur eine Frage der Bedarfsplanung. Ebenso ist dem Gesetzgeber aufgegeben, die gegenwärtigen Regelungen über Beruf und Status der vertragsärztlichen

---

24 Positionspapier des AOK-Bundesverbandes: „Zukunft der Bedarfsplanung und Gestaltung der Versorgung", Beilage zu „Gesundheit und Gesellschaft", Ausgabe 3/2011.
25 S. demgegenüber Jacobs (F. 21), S. 51: „Vielfalt und Wettbewerb statt Planwirtschaft" seien erforderlich.
26 BVerfGE 33, 125 (159 f.); BVerfG, MedR 2001, 639 (640) m. w. Nachw.; BSG, NZS 1999, 98/99; aus der Lit. die Diskussion zusammenfassend Junge, Recht auf Teilnahme an der vertragsärztlichen Versorgung, 2007, S. 120 ff.; Kaltenborn, in: Becker/Kingreen, SGB V, 2. Aufl. (2010), § 99 Rn. 4.

Versorgung einerseits, der ärztlichen Krankenhaustätigkeit andererseits zu verändern. Die Attraktivität der freien Praxis bzw. des Arbeitsplatzes im Krankenhaus ist nicht allein mit einer in den Augen der Ärzte/innen angemessen erscheinenden Vergütung verbunden, obschon **auch diese** – wie oben dargelegt - von Belang ist. Deren Bemessung ist übrigens seit jeher auch von verfassungsrechtlicher Relevanz. Denn einerseits dürfen aus Gründen der Solidarität in der „Sozialversicherung" die Beiträge der gesetzlichen Versicherten nicht unangemessen hohe Einkommen der ärztlichen Repräsentanten und Leistungserbringer finanzieren. Dem setzt das Grundgesetz ebenso eine Grenze wie das einfache Recht (vgl. § 72 SGB V)[27]. Hier gilt nichts anderes als im Bankensektor. Andererseits bleibt die Tarifsituation zu berücksichtigen. Denn vor einem Verhandlungshintergrund, wonach heute ein Betrieb nicht nur einen einzigen Tarifvertrag abschließen muss, ist die Tarifeinheit in Gefahr. Niemand aber mag im Krankenhaus „englische Verhältnisse" mit zahlreichen Arbeitskämpfen zweier oder mehrerer konkurrierender Gewerkschaften erleben. Auf diese Weise kommt das Grundrecht der Koalitionsfreiheit (Art. 9 Abs. 3 GG) in den gesetzgeberischen Blick, zumal der Deutsche Gewerkschaftsbund (DGB) und die Bundesvereinigung der Deutschen Arbeitgeberverbände (BDA) die Tarifeinheit nun gesetzlich verankert sehen wollen[28].

II. Versorgungsstrukturen „im Umbruch": Re-Regulierung des Gesundheitssektors als Verfassungsproblem

1. Anforderungen des Grundgesetzes an eine solidarische Beitragsfinanzierung der GKV

Im Mittelpunkt des „Kostendämpfungsprogramms" des Gesetzgebers der Gesundheitsreform 2011 steht, wie dargelegt, die Beitragsfinanzierung der GKV, also die **Einnahmenseite**. Aus der Sicht des Grundgesetzes wirft der dabei verfolgte Regulierungsansatz einer Prämienbelastung der Beitragszahler weitreichende Verfassungsfragen auf. Deren Ursprung liegt darin, dass die solidarische Finanzierung der gesetzlichen Krankenversicherung in Deutschland nicht auf der Finanzverfassung des Grundgesetzes beruht. Sie folgt vielmehr anderen Prinzipien. Denn die Finanzverfassung regelt die Finanzströme im Bundesstaat nicht abschließend. Das Grundgesetz stellt stattdessen ein in sich geschlossenes Regelungssystem für die **Sozialversicherung** und deren Finanzierung bereit,

---

27 BSG, SozR 4 – 2500, § 72 Nr. 2, S. 45 ff..
28 Näher dazu BAG, NZA 2010, 1068; Gesetzentwurf des Landes Rheinland-Pfalz, BR-Drs, 417/10; s. ferner Greiner, NJW 2010, 2977 (2979 f.); Meinke, ÄBl. Rheinland-Pfalz, 64 Jg. (2011), H. 4 8 f.

dass den allgemeinen Regeln der Finanzverfassung vorgeht, die ihrerseits „steuerzentriert" sind. Zu diesem Ergebnis ist jedenfalls das BVerfG gelangt[29].

Die **Finanzordnung der Sozialversicherung** ist sonach als ein eigenständiges System der staatlichen Abgabenerhebung zu begreifen, das dem Grunde nach auf **Beiträge** und deren strenge Zweckbindung gegründet ist. Die im besagten „Kostendämpfungsprogramm" für die GKV angelegte Vermischung mit **steuerlicher** Finanzierung einerseits, die Schwächung der **solidarischen** Beitragsfinanzierung andererseits begegnet dagegen erheblichen verfassungsrechtlichen Anfragen an ihre Zulässigkeit.

a) „Soziale Gleichheit" und Solidarität in der Gesundheitsversorgung

Soziale Vorsorge durch gesetzliche Krankenversicherung ist unter dem Grundgesetz der „sozialen Gleichheit" verpflichtet (Art. 3 Abs. 1 GG i. V. m. dem Sozialstaatsprinzip)[30]. Die in dem verfassungsrechtlichen Begriff der „Sozialversicherung" geborgenen versicherungstechnischen Implikationen, u. a. die der Finanzierung durch Beiträge, die diese sozial zu differenzierende Gleichheit herbeiführen, betonen auch und vor allem die entsprechende Verantwortung der **Arbeitgeber** für die Finanzierung der gesetzlichen Krankenversicherung[31]. Unterschiedliche Belastungen der versicherten Beitragszahler und der Arbeitgeber müssen sich deshalb der Frage stellen, ob sie noch mit einem **solidarischen Gesundheitssystem** vereinbar sind, dass an dem magischen Viereck einer sozialstaatlichen Vorsorgezuständigkeit, individueller Eigenverantwortung für Gesundheit, von Solidarität und Subsidiarität ausgerichtet ist. Jedenfalls hat die im GKV-FinG vorgesehene **Ungleichheit der Belastung** der Arbeitgeber einerseits, der Versicherten andererseits ein verfassungsrechtliches Legitimationsproblem zur Folge.

b) Probleme der Steuerfinanzierung

Eine Variante der   Legitimationsproblematik stellt die durch das GKV-FinG erzeugte Abhängigkeit der Solidarität mit Einkommensschwachen in der Gesellschaft vom Staatshaushalt („**Steuerfinanzierung**") dar. Denn letztlich richtet

---

29 BVerfGE 113, 167 (200 f.); Heun, Die Sozialversicherung und das System der Finanzverfassung, in: FS Selmer, 2004, 659 (665 ff.).
30 Zacher, in: Isensee/Kirchhof (Hrsg.), Das soziale Staatsziel, in: Handbuch des Staatsrechts, Bd. III, 3. Aufl. (2004), § 28 Rn. 34 ff. 47 f.; Pitschas, Soziale Sicherheit durch Vorsorge, in: U. Becker (Hg.), Rechtsdogmatik und Rechtsvergleich im Sozialrecht I, 2010, S. 63 (77 f.).
31 Zu dieser verfassungsrechtlich ausgeprägten „Gruppenverantwortung" der Arbeitgeber s. vor allem BVerfGE 55, 274 (312 f., 314).

sich dadurch künftig die Solidarität in der Krankenversicherung an der konjunkturell schwankenden Verfügbarkeit von Steuermitteln aus. Damit aber kommt es zu einer pekuniären Leistungsdifferenzierung nach Zeitabschnitten und auf Grund externer Faktoren im Fall der Verwirklichung des Risikos „Krankheit", die im Finanzierungssystem der Sozialversicherung unter dem Grundgesetz nach Maßgabe eigengearteter Beitragserhebung nicht vorgesehen ist. Der Gesetzgeber ist daher nicht nur nicht verpflichtet, die finanziellen Lasten eines Sozialausgleichs in der GKV dem Steuerzahler aufzubürden, sondern sein Gestaltungsspielraum wird schmaler, wenn er sozialversicherungsrechtliche Regelungen **durch Steuerpolitik** zu treffen beabsichtigt[32].

c) Grenzen des Beitragswettbewerbs

Dies gilt auch für den **Beitragswettbewerb**, den das GKV-FinG unter den Krankenkassen letztlich initiiert. Denn die Erhebung von Zusatzbeiträgen in der gesetzlichen Krankenversicherung schafft Ungleichheit unter den Versicherten durch wettbewerbliche Zurichtung der kassenseitigen Gesundheitsleistungen. Für Höherverdienende wird die gesetzliche Krankenversicherung damit lediglich zu einer Art „Grundsicherung", die folgerichtig durch(unsolidarische) Wahltarife angereichert werden darf. Damit werden **Gleichheitsdefizite strukturell eingeführt**. Dies verwundert vor allem deshalb, weil das BVerfG im (freiheits- und gleichheitsrechtlichen) Schutz vor Krankheit eine der Grundaufgaben des Sozialstaates sieht[33]. Wie weit allerdings dabei der Gleichheitsschutz reicht und welche Anforderungen sich an die Ausgestaltung der GKV aus dem Sozialstaatsprinzip ergeben, ist verfassungsrechtlich mit guten Gründen vom Gesetzgeber selbst auszudifferenzieren. Immerhin hat dazu das BVerfG betont, dass der Mitgliederkreis der gesetzlichen Krankenversicherung auch danach abzugrenzen ist, welche Personen den Schutz der solidarischen Krankenversicherung benötigen; dabei sei der soziale Ausgleich und die Umverteilung zugunsten anderer Versicherter zu berücksichtigen[34]. Auch auf diese Weise werden von verfassungswegen dem gesetzlich veranlassten Beitragswettbewerb immanente Grenzen gezogen. Das erkennt die Bundesregierung selbst an, indem sie für einen (sozialen) Steuerausgleich sorgt. Nur darf dieser eben nicht neue Gleichheitsdefizite schaffen.

---

32 Heun (Fn. 29), S. 668, 670; F. Kirchhof (Fn. 15), 161 ff.; Pitschas (Fn. 15), S. 132.
33 BVerfGE 115, 25 (44 f., 46 f.); BVerfG, NZS 2008, 365 (367)- Kammer; Axer, Umfang und Inhalt des sozialrechtlichen Leistungsanspruchs nach dem sog. Nikolausbeschluss?, in: Becker/Sertel/Stassen-Rapp/Walburg (Hg.), „Neue" Wege in der Medizin, 2010, S. 321 (328 ff.); Wenner, Rationierung, Priorisierung, Budgetierung: verfassungsrechtliche Vorgaben für die Begrenzung und Steuerung von Leistungen der Gesundheitsvorsorgung, in: GesR 2009, 169 ff. m. w. Nachw.
34 BVerfGE 103, 172 (184 f.); 120, 125 (154 f., 157); w. Nachw. dieser Rspr. bei Pitschas, FS 50 Jahre BVerfG, Bd. II. 2001, S. 827 (831, 846 f., 861).

2. Re-Regulierung des Arzneimittelmarktes

a) Vergleichende Nutzenbewertung als Problem geeigneter Indikatoren – von der Wirksamkeitsprüfung zur Massenanwendung: Verfahrensgebote für Wissensgewinnung und Entscheidungsfindung

Die Innovationsleistung eines neuen Arzneimittelprodukts zu bewerten, erscheint weithin als untauglicher Versuch am untauglichen Objekt. Die Wirksamkeitsprüfung anhand **klinischer Studien** ist **eine** Angelegenheit, die Wirkung eines Arzneimittels in der **Massenanwendung** auf Patienten zu beurteilen, eine andere. Dabei geht es eben nicht nur darum, die „Risiken" der Wirkung eines Arzneimittels in den Blick zu nehmen. Vielmehr ist nunmehr aus der Perspektive des Gesetzgebers und rechtsdogmatisch die staatliche Regulierung von der Risikobekämpfung – „Gefahrenabwehr" mit hohem staatlichen „Einschätzungsspielraum" –auf die nicht zuletzt von **Patientenseite** unmittelbar zu beurteilende Nutzenorientierung („Effizienz") umzustellen: eine Aufgabe, bei der die Vorhand den „Nutzern" zukommt. In vergleichender Betrachtung den höheren „Nutzen" zu bewerten, erfordert deshalb messsichere Indikatoren, die auf die Art und Weise der Wissensgewinnung abstellen und über die man sich verständigen muss, die also den Vorgang der Entscheidungsfindung als einen kooperativen Prozess ausweisen.

b) Erforderlichkeit eines „fairen" Prüfungs- und Vergleichsverfahrens

Die **Verfahrensordnung** der **vergleichenden Nutzenbewertung** hat in diesem Kontext die involvierten Grundrechte der Pharmaunternehmen (Art. 2 Abs. 1, Art. 12 und 14 GG) sowie das Rechtsstaatsprinzip prozedural zu berücksichtigen. Insoweit gilt vorerst nichts anderes als auch sonst für behördliche Verfahren: Die zuständige Behörde hat Beweis zu erheben und dort, wo dieser Beweis vom Antragsteller nicht zu erbringen ist, nach Wahrscheinlichkeitsgrundsätzen zu urteilen. Die dabei im Verfahren erforderliche **Wissensgewinnung** hat sich jedoch nicht nur an den Risiken des einzusetzenden Arzneimittelprodukts zu orientieren, sondern diesen dessen **Nutzen** i. S. seiner Wirkung gegenüber zu stellen und darüber Beweis zu erheben. Dies bedingt eine Wissensgewinnung, die auch und vor allem entsprechende Beweisangebote (Gutachten) des jeweiligen Antragstellers in die Überlegungen pflichtig und abgewogen unter Beobachtung einer neutralen Position einbezieht.

Erkennt der G-BA den Nutzen eines neu zugelassenen Arzneimittels an, wird es in der GKV erstattungsfähig. Es kann zumindest in eine Festbetragsgruppe mit vergleichbaren Arzneimitteln eingestellt werden. Will der Pharmaunternehmer dagegen einen höheren Preis für einen Zusatznutzen ansetzen, muss er nachweisen, dass sein Produkt einen therapeutischen Vorteil gegenüber vorhandenen Arzneimitteln aufweist. Auch diesen Zusatznutzen prüft der G-BA. Wenn allerdings vor diesem Hintergrund bei positivem Ergebnis der Unternehmer nur befristete **Preisverhandlungen** mit dem GKV-Spitzenverband führen darf (und muss), wird das Arzneimittel einer „mittelbaren" staatlichen **Preisregulierung** unterworfen. Derartige Verhandlungen grenzen bei der gegebenen hohen Nachfragemacht einzelner (fusionierter) gesetzlicher Krankenkassen an ein Preisdiktat, das unser Grundgesetz ausschließt. Die entscheidende Frage scheint mir daher, ob solche Regelungen mit der „neuen" Wettbewerbsordnung des Gesundheitssystems im Hinblick auf die Grfahr eines missbräuchlichen Wettbewerbs und dessen Verfahrenstransparenz noch vereinbar sind[35].

*3. Übergang zur integrativen Versorgung:
Das Kompetenzproblem*

Damit rücken die in den sog. Eckpunkten der BReg. zum künftigen Versorgungsgesetz abgebildeten Bestrebungen des Gesetzgebers in den Blick, im Übergang zu einer **gemeinsamen Bedarfsplanung** für den ambulanten und den stationären Sektor auf regionaler Ebene einen neu aufgestellten **Landesausschuss** (§ 90 SGB V) so zu gestalten, dass in ihm Vertreter der Krankenkassen, der Krankenhäuser, der niedergelassenen Ärzte und der Ärztekammern sitzen, um zu sektorenübergreifenden Planungsaussagen zu finden und diese zu stützen.

Die verfassungsrechtlichen Grenzen einer solchen sektorenübergreifend gestalteten und korporierten Bedarfsplanung beziehen sich zunächst auf **Kompetenzfragen der Gesetzgebung;** sie reichen aber darüber hinaus, wie die gegenwärtige Diskussion um die Reichweite des § 116 b SGB V belegt[36]. Denn sie erstrecken sich daneben auf institutionell-organisatorische und materiell-rechtliche Verfassungsprobleme der Planungslegitimität. Zunächst allerdings geht es um kompetenzielle Klärungen von hoher Bedeutung: Die Krankenhausplanung, zu der die Festlegung von Planzahlen zählt, obliegt den Bundesländern, für die Bedarfsplanung im ambulanten Sektor ist dagegen der Bundesgesetzgeber zuständig. Verfehlt das „Versorgungsgesetz" die dazwischen liegende Scheidelinie, ist es verfassungswidrig und nichtig.

a) Gemeinsame Bedarfplanung für die ambulante und stationäre
Versorgungsebene als verfassungsrechtliches Kompetenzproblem

Nach Art. 74 Abs. 1 Nr. 19a GG erstreckt sich die **konkurrierende Gesetzgebung des Bundes** auf die wirtschaftliche Sicherung der Krankenhäuser und die

---

35 Zweifelnd auch Klapszus, in: Voit (Fn. 20), S. 19 (21 f., 25 f. = Vergaberecht!).
36 Dazu statt anderer und m. w. Nachw. Pitschas, Verfassungsrechtliche Zentralfragen der Neuordnung ambulanter Krankenversorgung und § 116 b SGB V, GesR 2010, 513 ff.

Regelung der Krankenhauspflegesätze. Diese im Jahr 1969 der Verfassung eingefügte Kompetenzzuweisung und die damit verbundene Einschränkung der Gesetzgebungszuständigkeit der Länder aus Art. 70, 72 GG für den gesamten Krankenhaussektor, also für die stationäre Versorgung[37], umfasst sowohl öffentliche als auch private Krankenhäuser, die durch die mit ihnen verbundene stationäre ärztliche Heilbehandlung geprägt werden. „Wirtschaftliche Sicherung" meint in diesem Zusammenhang „die Finanzhilfen und Entgelte für teilstationäre und stationäre Krankenbehandlung". Der Begriff der „Krankenhauspflegesätze" muss dabei in einem weiteren Sinne verstanden werden: Zu Ihnen gehört auch die Regelung von Fallpauschalen, wie sie u. a. in § 17 b KHG getroffen worden ist[38].

Dagegen kommen die Krankenhausorganisation und Krankenhausplanung, wie bereits angedeutet, als **Länderzuständigkeiten** in Betracht. Denn zum einen verfügen die Länder gem. Art. 70 Abs. 1 GG über das Recht der Gesetzgebung, soweit nicht dem Bund Gesetzgebungsbefugnisse zugesprochen worden sind. Die Kompetenz des **Bundes** zur Regelung der Finanzierung von Krankenhäusern und damit zur partiellen Festlegung der personellen Bedarfe für sie umfasst sonach mit dem grundgesetzlichen Auftrag zur „wirtschaftlichen Sicherung der Krankenhäuser" und zur „Regelung der Krankenhauspflegesätze" nur einen Ausschnitt aus der gesamten Sachaufgabe der (planerischen) Krankenhausversorgung. Wie weit dieser Auftrag aber auch mit Blick auf Art. 72 Abs. 2 GG im Dissens mit dem Bund reicht, ist die entscheidende Frage.

Ob es überhaupt sinnvoll war, eine solche Regelung wie den Art. 74 Abs. 1 Nr. 19 a GG zu treffen, mag mit guten Gründen bezweifelt werden[39]. Schon die Verständigung über das Ausmaß „sozial tragbarer Pflegesätze" – auf die das BVerfG verwiesen hat – bezieht sich auf die Krankenhausversorgung jenseits ihrer Wirtschaftlichkeitserwägung, nämlich auf deren notwendigen Umfang und deren (daseinsvorsorgerische) Substanz als „Fernziel". Dementsprechend war schon sehr frühzeitig vorgeschlagen worden, die öffentliche Aufgabe der Krankenhausversorgung i. S. einer auch die Krankenhausplanung umfassenden Gesamtagenda als „Gemeinschaftsaufgabe von Bund und Ländern" auszugestalten. Dieser Vorschlag scheiterte indes damals am Widerstand der Länder; er ist heute mit Wegfall der Konstruktion von „Gemeinschaftsaufgaben" hinfällig.

---

37 BVerfGE 114, 196 (222: „Art. 74 Abs. 1 Nr. 19 a GG ..., der die Finanzhilfen und die Entgelte für teilstationäre und stationäre Krankenbehandlung umfasst").
38 Höfling, GesR 2007, 289 (293 f.); Pitschas, Rechts- und Managementprobleme leistungsbezogener Krankenhausentgelte, in: Thiele (Hg.), Einführung des DRGs in Deutschland, 2. Aufl. (2003), S. 254 (258 ff.)unter Hinweis auf die rechtliche Gemengelage (S. 261 ff.); wie hier ferner Kaltenborn, in: Huster/Kalenborn (Hg.), Krankenhausrecht, 2010, § 2 Rn. 2; Schmidt am Busch, Die Gesundheitssicherung im Mehrebenensystem 2007, S. 241.
39 Vgl. auch BVerfGE 83, 363 (380); 114, 196 (222); Kaltenborn (Fn. 38), § 2 Rn. 4; Schmidt am Busch (Fn. 38), S. 242 f.

Im Ergebnis finden wir deshalb heute wiederum die verfassungsrechtlich festgeschriebene Situation vor, dass die Krankenhausfinanzierung und –planung „geteilt" sind[40]. Die Verantwortung für Investitionen und ihre Finanzierung liegt bei den **Ländern**, weil sie die Krankenhausplanung im Kern betrifft. Umgekehrt zeichnen die gesetzlichen Krankenkassen für die Betriebskosten derjenigen Krankenhäuser verantwortlich, die „zugelassen" sind und mit denen Versorgungsverträge abgeschlossen wurden (§ 108, 109 SGB V). Dabei gilt bei den sog. „Plankrankenhäusern", also bei solchen, die von den Ländern in die Landeskrankenhausplanung aufgenommen worden sind, die Verankerung im Krankenhausbedarfsplan nach § 8 Abs. 1 S. 2 KHG als Abschluss des Versorgungsvertrages.

Damit liegt auf der Hand, warum neben dem Bund auch und vor allem die **Krankenkassen** ein großes Interesse daran haben, die Krankenhausfinanzierung komplett zu übernehmen und deshalb in der gemeinsamen Bedarfsplanung der Zukunft mitreden sollen: Die Krankenversorgung ist ein Kostentreiber par excellence. Und wer zahlt, will auch das Sagen haben. Derzeit werden denn auch die Betriebskosten, wie bereits hervorgehoben, vor allem kassenseitig durch Fallpauschalen und dann durch Zusatzentgelte gedeckt. Hinzu tritt als „dritter Block" die Finanzierung aus anderen Einnahmequellen der Krankenhäuser[41].

Bislang ist allerdings die vom **Bund** favorisierte Umstellung auf die **Monistik**, um den (Preis-)Wettbewerb zu forcieren, auf den erbitterten Widerstand der Bundesländer gestoßen, die an der dualen Finanzierung festhalten wollen und eher einen Wettbewerb um Qualität anstreben. Nicht von ungefähr hat sich dieser Streit um die Krankenhausfinanzierung in den letzten Jahren zugespitzt, weil die Länder den Investitionszuschlag für die Krankenhausfinanzierung immer wieder an anderer Stelle als Mittel zur Haushaltskonsolidierung verzehrt hatten. So liegt derzeit die Investitionsquote auf Länderseite im Durchschnitt unter 5 % - bei den privaten Krankenhäusern dagegen bei etwa 20 %. Zu Recht hat deshalb in der Vergangenheit das Bundesministerium für Gesundheit kritisiert, dass nicht nur Bauinvestitionen, sondern auch Ausstattungsinvestitionen vernachlässigt wurden. Selbst die vom Land Rheinland-Pfalz im 2008 bereitgestellten Förderbeträge wirkten für dieses Bundesland lediglich als ein Tropfen auf den heißen Stein. Es verwundert deshalb nicht, wenn der **Bund** angesichts der hieraus erwachsenen Finanzierungsklemme der Krankenhäuser - und mit Blick auf die desaströse Entwicklung der Arztzahlen bzw. der Versorgungssituation insgesamt - in seine Überlegungen zur flächendeckenden Versorgung durch Integration von ambulantem und stationärem Sektor im Gewand der Versorgungsintegration und Bedarfsplanung zugleich die Krankenhausfinanzierung einbeziehen möchte.

---

40 Kaltenborn (Fn. 38), § 2 Rn. 4 m. Anm. 20; Steiner, in: Spickhoff (Hg.), Medizinrecht, 2011, Art. 74 GG Rn. 12 m. jew. Nachw.
41 Dettling, Finanzierung der Krankenhäuser, in: Dettling/Kieser (Hg.), Krankenhausrecht, 2007, S. 71 ff. Rn. 6 ff., 11, 128.

Mir scheint dies freilich alles etwas zu kurz gedacht. Schon längst ist der Gedanke aufzunehmen, die duale Krankenhausfinanzierung eher zu einer **pluralen Finanzierungsweise** auszuformen, bei der öffentliche (länderseitige), kassenseitige und Investitionen Dritter im Rahmen von Public-Private Partnership-Lösungen ineinander verschmelzen könnten (**triale Krankenhausfinanzierung**)[42]. Die verfassungsrechtlichen Überlegungen müssen aber noch weiter ausgreifen. Denn mit Blick auf das Grundgesetz muss sich der Gesetzgeber die Frage stellen, bei wem letztlich die dem Regulierungs- und Wettbewerbsmodell des Gesundheitswesens im sog. „Gewährleistungsstaat" eigentümliche **Marktstrukturverantwortung** für die Gestaltung der gemeinsamen Bedarfsplanung zu verorten ist[43]. Dazu gehört auch, sich Rechenschaft über die Rolle der **Kommunen** (Art. 28 Abs. 2 GG) zu legen bzw. sich zu fragen, welcher Entscheidungsanteil ihnen bei der flexiblen Bedarfsplanung zuwächst. Obwohl das BVerfG bereits im ärztlichen Berufsrecht mit dem Übergang wesentlicher Kompetenzanteile auf den Bund die Richtung der künftigen Entwicklung angedeutet haben könnte und die Erforderlichkeitsklausel des Art. 72 Abs. 2 GG das gesamtstaatliche Interesse an einer bundesgesetzlichen „Lösung" betont[44], müssen im hiesigen Problemfeld vor allem die Länder und Kommunen hinreichend entscheidungsbeteiligt werden. Dafür sprechen abseits regional-ökonomischer Aspekte vielfältige legitimatorische Gründe lokal-bürgerschaftlicher Teilhabe an Entscheidungen über die Krankenhausversorgung und auch solche der landes- bzw. kommunalpolitischen Daseinsvorsorgeverantwortung gem. Art. 28 Abs. 2 GG..

b) Die „Sozialversicherung" als konkurrierende Gesetzgebungszuständigkeit

Die Rahmenmaßgaben der Verfassung für den Übergang des Gesetzgebers zu einem integrativen Versorgungsmodell sind allerdings – wie bereits die bisherigen Ausführungen belegen – überaus komplex. So wurde schon oben auf die Verbindungslinien zwischen Krankenhausorganisation und Krankenhausplanung einerseits, der wirtschaftlichen Sicherung der Krankenhäuser und ihrer Finanzierung andererseits hingewiesen. Nicht zuletzt die Verfassungsänderung von 1969 hat diese Verbundproblematik erkannt. Wenn nunmehr heute die „Entflechtung" dieser kompetenziellen Verbundproblematik zu Gunsten oder zu Lasten der **Bundesländer** diskutiert wird, so darf dabei keineswegs übersehen werden, dass nach Art. 74 Abs. 1 Nr. 12 GG die „Sozialversicherung einschließlich der Ar-

---

42 Lambrecht/Vollmöller, Rechtsfragen der Krankenhausfinanzierung, in: Huster/Kaltenborn (Fn. 38), § 14 Rn. 1, 29 f., 31 ff.; Siegel, Alternativen zu einer Vollprivatisierung kommunaler Krankenhäuser, in: Das Krankenhaus 2011 (i. Ersch.).
43 Zu dieser Übertragung der verfassungsrechtlichen Regulierungsdebatte auf den Gesundheitssektor s. Pitschas (Fn. 36), 514, 518 f., 521 m. w. Nachw.
44 Vgl. zum einen BVerfGE 71, 162 (171 f.); Rixen, VSSR 2007, 213 (216 ff.); zum anderen BVerfGE 114, 196 (222).

95

beitslosenversicherung" und mit ihr die gesamte Krankenversicherung zur konkurrierenden Bundesgesetzgebung gehört[45].

Wendet man sich füglich dieser zu, so hat der **Bund** für die stationäre Seite der „Sozialversicherung" einen erheblichen Einfluss auf die Krankenhausfinanzierung, -planung und –organisation der Länder. Die Reichweite dieser durch die Kompetenzverteilung nach dem Grundgesetz ermöglichten bundespolitischen Einflussnahme zeigt sich besonders deutlich und einerseits im Hinblick auf die Regelung der Entgelte für stationäre oder teilstationäre Leistungen des Krankenhauses. Hier ist der Bundesgesetzgeber völlig frei[46].

Eine weitere Dimension der Einflussnahme auf die Krankenhausfinanzierung und -planung mit allfälligen Rückwirkungen auf die derzeit angestrebte einheitliche Bedarfsplanung hat die Förderung des Vertragswettbewerbs durch das GKV-WSG zur Folge. So dürfen gem. § 112 SGB V zweiseitige Verträge mit Rahmenempfehlungen über Krankenhausbehandlung und nach § 115 SGB V dreiseitige Verträge und Rahmenempfehlungen zwischen Krankenkassen, Krankenhäusern und Vertragsärzten abgeschlossen werden. Im Übrigen entfalten die Regelungen nach § 73 b und c SGB V eine Sogwirkung auf die stationäre Krankenversorgung insofern, als Selektivverträge den stationären Sektor in die ambulante Versorgung einbeziehen mögen. Schon heute ist es dadurch den Krankenkassen anheim gestellt, Verträge über eine unterschiedliche leistungssektorenübergreifende Versorgung der Versicherten oder auch eine interdisziplinärfachübergreifende Versorgung mit Trägern zugelassener Krankenhäuser gem. § 140 a, 140 b SBG V abzuschließen, soweit letztere zur Versorgung der Versicherten berechtigt sind. Derartige Vertragsabschlüsse verlagern die Krankenhaustätigkeit einerseits in den „Vorraum" der ambulanten Versorgung, in die dann auch – und namentlich durch private Krankenhauskonzerne – Medizinische Versorgungszentren (MVZ) einbezogen werden können[47].

c) Insbesondere: Ambulante Behandlung im Krankenhaus nach § 116 b SGB V

Eine besondere Rolle spielt, wie die Entscheidung des LSG Nordrhein-Westfalen aus diesem Frühjahr zeigt[48], die ambulante Versorgung im Krankenhaus nach § 116 b SGB V. Die Vorschrift sieht die ambulante Behandlung in

---

45 Näher hierzu Butzer, Fremdlasten in der Sozialversicherung, 2001, S. 165 ff.; Kaltenborn (Fn. 38), Rn. 2; Schmidt am Busch (Fn. 38), S. 243 ff.
46 BVerfGE 114, 196 (222).
47 Nach verbreiteter Auffassung rechtfertigt der Typusbegriff der „Sozialversicherung" noch weitergehende Einflussnahmen des Bundes, vgl. Kaltenborn (Fn. 38), Rn. 2 m. Anm. 3, 4; Steiner (Fn. 40), Rn. 4; Schmidt am Busch (Fn. 38), S. 243 m. Anm. 62.
48 Beschl. v. 09.02.2011 – L 11 KA 91/10 B, Beck RS 2011, 68664; vgl. auch Klöck, NZS 2010, 358 (362 f.); Schroeder, NZS 2011, 47 ff.

einer Klinik vor, wenn hierfür gem. Abs. 1 a. a. O. die Behandlung im Rahmen eines strukturierten Behandlungsprogramms nach § 137 g SGB V erforderlich sein sollte. Dem Wortlaut des Gesetzes zufolge dürfen die Krankenkassen insofern Verträge über die ambulante Versorgung also nur unter bestimmten Voraussetzungen abschließen. Eine umfassendere Gestaltungsfreiheit im Rahmen des Vertragsschlusses besteht nicht. Das **Wettbewerbsrecht** dürfte überdies ein Ausschreibungsverfahren über die Vergabe von Behandlungsleistungen durch die Kassen nahelegen, obwohl es nach dem Gesetzwortlaut nicht vorgesehen ist.

Dem ist an dieser Stelle nicht weiter nachzugehen. Die aus § 116 b SGB V erwachsenen verfassungsrechtlichen Probleme, die aus seiner Auswirkung auf die niedergelassenen Ärzte resultieren, sind inzwischen mehrfach behandelt worden[49]. Doch sei ergänzend darauf hingewiesen, dass aus der Regelung des § 116 b Abs. 2 SGB V die Gefahr einer die niedergelassenen Ärzte benachteiligenden Quersubventionierung im stationären Sektor erspießt. Insoweit dadurch zugleich das Thema der **staatlichen Beihilfen** angeschlagen wird, bleibt nicht zuletzt das europäischen Beihilfenrecht zu berücksichtigen.

d) Zwischenbilanz

Was lehren uns diese (wenigen) Überlegungen zur Verfassungsmäßigkeit der Gesundheitsreform 2011 und die darin vorgesehene gemeinsame Bedarfs- als Versorgungsplanung für den ambulanten und stationären Sektor? Die voraufgegangene Skizze lässt immerhin erkennen, dass die gesetzliche Umsetzung der Gewährleistungsverantwortung von Bund, Ländern und Kommunen in dieser Frage keinem bestimmten verfassungsrechtlich-systemischen **Leitbild** folgt. Vielmehr machen die Erörterungen deutlich, dass verallgemeinernde Verfassungsaussagen zu der Reichweite und den Grenzen kompetenzieller bzw. organisatorisch-prozeduraler und materiell-rechtlicher Maßgaben des Grundgesetzes auf die integrative Versorgung nicht ohne weiteres getroffen werden dürfen. Jedoch können Zuständigkeitsfestlegungen bzw. grundrechtlich begründete Beteiligungsansprüche einzelner Akteure bzw. Akteursgruppen wie der von Patienten, niedergelassenen Ärzten, der Krankenhausträger und auch der Kommunen punktuell ins Feld geführt werden. Dagegen muss die Fortentwicklung der bereits jetzt von ihrem Misserfolg her aus Verfassungsgründen fragwürdigen komplexen Bedarfsplanung zu einer sektorübergreifenden Sicherstellung der Gesundheitsversorgung durch die beabsichtigte kleinteilige Versorgungsorientierung einer **detaillierten** verfassungsrechtlichen Vorgabe entraten.

---

49 Dazu statt anderer und jeweils m. w. Nachw. Pitschas (Fn. 36), passim; Stollmann, Krankenhausplanung, in: Huster/Kaltenborn (Fn. 38), § 4 Rn. 105 f., 108 ff., 116.

III. Was kann das Grundgesetz leisten? Die „Gesundheitsverfassung" des Grundgesetzes als komplexes Programm der Re-Regulierung der Bedarfsplanung?

1. Sozialstaatlich-grundrechtliche und kompetenzielle Verfassungsaussagen als „Ankernormen"

Die Umstellung auf eine sektorenübergreifende flexible Bedarfsplanung zur Behebung des regionalen Ärztemangels sowie zur Sicherstellung einer wohnortnahen flächendeckenden Versorgung ist mithin vor dem Grundgesetz eine „offene" Angelegenheit. Weder den Ländern noch dem Bund steht für das „Versorgungsgesetz" verfassungskompetenziell die **alleinige** Zuständigkeit zu. Doch gilt auch: Die staatliche Letztverantwortung für die Krankenhausversorgung und insbesondere Krankenhausplanung dürfen den Bundesländern und den Kommunen im Umkehrschluß aus Art. 72 Abs. 2 GG **nicht** entzogen bzw. darf die Länderkompetenz nicht auf dem Umweg über eine „sozialversicherungsrechtlich" begründete Regulierung zur Verbesserung der Versorgung – die vorerst nur behauptet wird – entsubstanzialisiert werden. Den Ländern bleibt **gemeinsam mit dem Bund** die Umsetzung des **Sicherstellungsauftrags** der öffentlichen Hand im „Gewährleistungsstaat" anvertraut. Art 74 Abs. 1 Nr. 19 a GG entfaltet m. a. W. eine Sperrwirkung gegenüber weiterreichenden Bundesambitionen[50].

Hinter alledem werden Gemeinwohlüberlegungen des Verfassungsgebers im freiheitlichen Sozialstaat zugunsten einer **vertikalen Gewaltenteilung** erkennbar, die unsere Verfassung mit dem Sozialstaatsprinzip (Art. 20, 28 GG) und dem grundrechtlichen Schutzgebot für Leben und Gesundheit in Art. 2 Abs. 2 S. 1 GG sowie mit dem Gleichheitssatz (Art. 3 Abs. 1 GG), aber auch mit den ebenso die (Fach-)Ärzte wie die Krankenhausträger schützenden „unternehmenswirtschaftlichen" Grundrechten (Art. 9 Abs. 3, 12 Abs. 1, 14 Abs. 1 und 2 Abs. 1 GG) verknüpft wissen will. Integrierte Versorgung in Deutschland soll der daraus erspießenden Maßstabgesamtheit zufolge auf kooperativer Grundlage beruhen, wobei hierfür auch der Wettbewerb bemüht werden darf („solidarischer Wettbewerb").

Eben dem entspricht die Zusammenschau von europäischem Sozialstaat und Binnenmarktprinzip auf der unionsrechtlichen Ebene Europas. Wenn man so will, lässt sich im Zusammenwirken dieser kompetenziellen und materiellrechtlichen sowie organisatorisch-institutionellen Grundaussagen ganz undeutlich so etwas wie eine „Gesundheitsverfassung" des Grundgesetzes erkennen, ohne dass aber daraus ein tieferer systematischer Leitzusammenhang zu destillieren wäre[51].

---

50 Ebenso Kaltenborn (Fn. 38), Rn. 4 m. Anm. 20; Schmidt am Busch (Fn. 38), S. 242 f. m. w. Nachw.
51 Dazu oben im Text bei Fn. 9.

2. Verfassungsbindungen des Bundesgesetzgebers

Vor diesem Hintergrund dürfen die **Bundesländer** auf der einen Seite im Zuge der bundesseitigen Verwirklichung sektorübergreifender Sicherstellung darauf beharren, dass die staatliche Letztverantwortung für die Krankenhausversorgung und insbesondere Krankenhausplanung samt der darin geborgenen planerischen Kompetenzzuweisung auch zukünftig in eigener Zuständigkeit substanziell wahrgenommen werden kann. Der Grund hierfür liegt vor allem darin, dass die Grund- und Notfallversorgung Kranker regionen- und lokalbezogen sichergestellt bleiben muss; die insoweit bedarfsnotwendigen Versorgungskapazitäten sind beschäftigungswirksam durch die Länder zu definieren.

Auf der anderen Seite ist sozialversicherungsrechtlich und nach Art. 74 Abs. 1 Nr. 19 a GG jenseits regionaler Bedarfsaussagen bzw. Versorgungsregulierung dem **Bund** eine flexible Bedarfsplanung mit qualitativer der Versorgungswirkung in die Fläche hinein zu ermöglichen. Hierfür bestehen namentlich zur Qualitätssicherung der Leistungserbringung sozialversicherungsrechtliche Kompetenzfreiräume[52]. Das bedeutet nun nicht, die gesamte integrierte Bedarfsplanung in eine nach kleinräumigen Versorgungsstufen flexibilisierte Versorgungs- und Raumplanung unter Anerkennung der entsprechenden Bundeszuständigkeit überführen zu dürfen, so dass ein künftiger Landesausschuss mittels Kriterien der Wohnortnähe und Erreichbarkeit selbst bindende Raumzuordnungen vornehmen könnte. Ganz im Gegenteil haben solche dirigistischen Ansätze im Feld wettbewerblich regulierter Gesundheitsversorgung nichts verloren; sie erweisen sich verfassungsrechtlich als inkohärent[53].

Doch wäre darüber zu reden, ob die Detailtiefe der Länderplanung einzuschränken ist, um dem Bund versorgungsbezogene Leitmaßgaben zu ermöglichen; dieserhalb könnte die Länderkompetenz auf eine **Rahmenplanung der Bundesländer** zurückgeführt werden. Bestehen bleibt indes der kompetenzielle Anspruch der Bundesländer in seiner institutionellen Entfaltung auf Mitwirkung an diesbezüglichen Entscheidungsprozessen in Ausschüssen oder im G-BA. Das sog. Verbot der Mischverwaltung greift hier wegen der Kooperationspflicht von Bund und Ländern angesichts der davon ausgehenden **Zuständigkeitsdependenz** nicht[54]. An der sektorübergreifenden Konkretisierung der Planungsbedarfe

---

52 So mit Recht Schmidt am Busch (Fn. 38), S. 243, 256 f.
53 Unterstützend insoweit Jacobs (Fn. 21), S. 50 ff. (S. 50:"Bedarfsplanung nicht mehr zeitgemäß").
54 Vgl. auch BVerfGE 108, 169 (182: „Mischverwaltung, soweit sie nicht ausdrücklich zugelassen", ist ausgeschlossen; „stillschweigend im Ausnahmefall"); Art. 74 Abs. 1 Nr. 19 a GG enthält m. E. als Kooperationsnorm eine solche immanente Aussage; ähnlich ferner BVerfGE 119, 331 (365): Keine durchgehendstrikte Trennung der Verwaltungsräume von Bund und Ländern.

im neu zu formierenden Landesausschuss nach § 90 SGB V sind im Übrigen die **Kommunen** mit einer eigenen Entscheidungsrepräsentanz zu beteiligen.

3. Regionale Bedingtheit „Soziale Gleichheit"

Solchermaßen integrierte Versorgung durch kooperative Gewährleistung muss von verfassungswegen darauf achten, dass nicht strukturell Gleichheitsdefizite unter den betroffenen Leistungsempfängern auftreten, die den Schutz der solidarischen Krankenversicherung benötigen[55]. Die **dezentrale Verantwortung** für eine gemeinsame flexible Bedarfsplanung verlangt deshalb nach einer regional ausgewogenen Finanzierung der ambulanten und stationären Versorgung auf den unteren Versorgungsstufen. Deshalb führt künftig aus der Verfassungsperspektive kein Weg an der Einführung einer sektorenübergreifenden gleichzeitigen Länderbeteiligung an dem Gesundheitsfonds und dem G-BA vorbei. Dadurch erst lässt sich die **regionale Bedingtheit der sozialen Gleichheit** dieser Versorgung mit der politischen Verantwortung hierfür auf regionaler, d. h. Länder- und Kommunalebene verbinden.Und erst auf diese Weise werden die Kriterien für die Bedarfsplanung materiell-grundrechtlich und demokratisch-rechtsstaatlich als regionenbezogene Planungsmaßstäbe organisatorisch-institutionell konkretisiert.

IV. Zusammenfassung und Ausblick

Im Zusammenhang der in diesem Beitrag mit groben Strichen aufgezeigten Metamorphose der Versorgungsstrukturen in der gesetzlichen Krankenversicherung in Deutschland bleibt die **integrierte Versorgung** mit entsprechender Versorgungsplanung ein bislang unerfülltes Desiderat. Der Gesetzgeber will sie jedoch alsbald herbeiführen; hierfür liegen „Eckpunkte" der Regierungsfraktionen vor. Die empirisch informierte Momentaufnahme der Finanzierung und Versorgung mit Gesundheitsleistungen nach dem GKV-FinG bzw. AMNOG und auf der Grundlage einer erfolglosen Bedarfsplanung für den ambulanten und stationären Sektor erfordert im künftigen Versorgungsgesetz eine schnelle Reaktion. Denn neben der schwierigen finanziellen Lage insbesondere der Krankenhäuser und wegen des stationär wie ambulant zunehmenden Ärztemangels ergeben sich gewichtige Strukturprobleme der Versorgung und Gestaltungsdefizite in der Fläche. Selbst Krankenhausorganisation und Versorgungsmanagement, insbesondere die Organisation der Versorgungsprozesse im Klinikalltag leiden darunter. Deshalb ist die langfristige Re-Regulierung der Gesundheitsversorgung eine ordnungspolitische Aufgabe ersten Ranges.

---

55 Vgl. oben im Text in und zu Fn. 30.

Die „externen" wie „internen" Gestaltungsoptionen hierfür werden maßgeblich durch das geltende Sozialrecht und das Grundgesetz sowie das europäische Gemeinschaftsrecht geprägt. In Bezug auf das **Grundgesetz** ergibt sich ein breiter Sicherstellungsauftrag der öffentlichen Hand für die integrierte Gesundheitsversorgung im sog. Gewährleistungsstaat. Die ihm eigene und für den einzelnen grundrechtlich begründete und sozialstaatlich-gleichheitsrechtlich unterlegte Gewährleistungsverantwortung hält sowohl die ambulante Leistungserbringung als auch die stationäre Versorgung auf einer mittleren Position zwischen ausschließlich wettbewerblicher Grundrechtsverwirklichung und staatlich-sozialer Daseinsvorsorge. Von verfassungswegen ist darüber hinaus die kommunale Verantwortung für die Krankenhausversorgung zu berücksichtigen. Aus alledem ergibt sich materiell-rechtlich der verfassungsprinzipielle Ausgangspunkt für eine in der gegenwärtigen Notlage einheitliche, sektorenübergreifende und solidarische Gesundheitsversorgung unter Öffnung zu einem Preis- und Qualitätswettbewerb.

In diesem Sinne erlaubt das Grundgesetz für die wirtschaftliche Sicherung der Krankenhäuser und die Regelung deren Finanzierung als Gegenstände konkurrierender Gesetzgebung auch detailtiefe Veränderungen von Seiten des **Bundes** im Gewand der „Sozialversicherung". Allerdings ist die von verfassungswegen den Ländern verbleibende substanzielle Zuständigkeit in der Gesetzgebung für Krankenhausorganisation und Krankenhausplanung ohne Verfassungsänderung nicht aufzuheben. Dies hat vor allem die Debatte um die Zukunft der Krankenhausfinanzierung, die regionale Verhinderung eines Ärztemangels sowie um die flexible Versorgungsplanung durch neu zu errichtende Landesausschüsse zu berücksichtigen.

Die dargelegte **grundgesetzliche Zuständigkeitsperspektive** für eine sektorübergreifende Sicherstellung der Versorgung wird freilich derzeit durch die faktische Nutzung des Gesetzgebungstitels „Sozialversicherung" als Instrument „konkreter Gesetzgebungszuständigkeit" zu Gunsten des Bundes verzerrt. Dessen unablässige Regelungstätigkeit in diesem Bereich führt zu erheblichen Einflüssen auf die Krankenhausplanung und -organisation und damit auch auf die Bedarfsplanung durch die Bundesländer. Darin offenbart sich eine der großen verfassungsrechtlichen Zweifelsfragen der Gegenwart, was den Gesundheitssektor anbelangt: Darf der Bund die Erforderlichkeitsklausel des Art. 72 Abs. 2 GG sowie die Gesetzgebungszuständigkeiten aus der „Sozialversicherung" sowie aus der „wirtschaftlichen Sicherung" der Krankenhäuser nutzen, um derart weit in die ihm eigentlich verschlossenen Gesetzgebungsbereiche der ländervorbehaltenen Krankenhausorganisation und Krankenhausplanung sowie der Krankenhausfinanzierung faktisch einzudringen?

Die Antwort ist eindeutig: Dieser Weg bleibt kompetenziell versperrt. Allenfalls kommt die Rückführung der **Länderzuständigkeit** auf eine **Rahmenplanung** in

Verbund mit einer gleichzeitigen **Entscheidungsbeteiligung** an neu einzurichtenden Länderausschüssen einerseits, am G-BA andererseits in Betracht. Zugleich ist die Beteiligung der Kommunen an Entscheidungsprozessen auf Landesebene geboten. Eine umfassendere Modernisierungsdirektive jenseits dessen hält die Verfassung nicht bereit. Doch würde der hier vorgeschlagene Regulierungsansatz das Nachdenken über neuartige Regelungen zu Investitionen in die Krankenhäuser fördern, ohne die Länderzuständigkeit für die Krankenhausorganisation und Krankenhausplanung entscheidend zu schwächen Auch steht ihm nicht das sog. Verbot der Mischverwaltung entgegen..

Verfassungsrechtlich zulässig dürften im Übrigen weitere Regelungen des **Bundes** zum Preis- und Qualitätswettbewerb zwischen Krankenhäusern auf der Grundlage des DRG-Systems sein. Dem darin einbezogenen Ausbau von MVZ sind allerdings wiederum länderstaatliche Zuständigkeitsschranken gezogen, die der Bund ebenfalls nur im Zusammenwirken mit den Bundesländern überwinden kann.

Verzeichnis der Autoren

Georg Baum, Hauptgeschäftsführer der Deutschen Krankenhausgesellschaft e.V., Berlin

Roland Brendel, Verwaltungsratsvorsitzender, BKK Landesverband Rheinland-Pfalz und Saarland, Hannover

Andrea Fischer, Staatssekretärin im Sächsischen Staatsministerium für Soziales und Verbraucherschutz, Dresden

Dr. *Gunter Hauptmann*, Vorstandsvorsitzender, Kassenärztliche Vereinigung Saarland, Saarbrücken

Dr. *Carl-Heinz Müller*, Vorstand, Kassenärztliche Bundesvereinigung, Berlin

Dr. *Manfred Partsch*, Abteilungsleiter Ambulante Versorgung, GKV-Spitzenverband, Berlin

Prof. Dr. Dr. h.c. *Rainer Pitschas*, Deutsche Hochschule für Verwaltungswissenschaften Speyer

Dr. *Frank Stollmann*, Leiter der Gruppe „Öffentliches Gesundheitswesen", Ministerium für Gesundheit, Emanzipation, Pflege und Alter des Landes Nordrhein-Westfalen, Düsseldorf

Georg Weisweiler, Minister für Gesundheit und Verbraucherschutz des Saarlandes, Saarbrücken

Publikationsverzeichnis der Speyerer Gesundheitstage und der Speyerer Schriften zu Gesundheitspolitik und Gesundheitsrecht

1. Speyerer Gesundheitsgespräche am 19./20. April 1999, „Die Zukunft der gesetzlichen Krankenversicherung in der Europäischen Union", Speyer (o.J.). Eigendruck.

2. Speyerer Gesundheitstage, 28./29. September 2000, „GKV-Modernisierungsgesetz 2000: Perspektiven der Umsetzung", vervielfältigtes Manuskript, Speyer. 2001.

3. Speyerer Gesundheitstage, 23./24. April 2001, „Integrierte Krankenhausversorgung und -finanzierung"; Rainer Pitschas (Hrsg.), Reform der stationären Krankenversorgung im Spiegel integrierter Versorgungsformen und diagnosebezogener Fallpauschalen – Beiträge zur Krankenhausreform in der Bundesrepublik Deutschland. Dt. Hochschule für Verwaltungswissenschaften, Reihe Speyerer Arbeitshefte Nr. 148, Speyer. 2003.

4. Speyerer Gesundheitstage, 15./16. April 2002, „Reformoptionen der GKV – Quo vadis Gesundheitswesen?"; Rainer Pitschas (Hrsg.), Reformoptionen der GKV – Quo vadis Gesundheitswesen? Dt. Hochschule für Verwaltungswissenschaften, Reihe Speyerer Arbeitshefte Nr. 143, Speyer. 2003.

5. Speyerer Gesundheitstage, 27./28. März 2003, „Finanzierungsprobleme der Gesundheitsreform"; Rainer Pitschas (Hrsg.), Finanzierungsprobleme der Gesundheitsreform und GKV-Modernisierungsgesetz. Dt. Hochschule für Verwaltungswissenschaften, Reihe Speyerer Arbeitshefte Nr. 162, Speyer. 2004.

6. Speyerer Gesundheitstage, 04./05. März 2004, „Umsetzung des GKV-Modernisierungsgesetzes"; Rainer Pitschas (Hrsg.), Umsetzungsprobleme des GKV-Modernisierungsgesetzes. Dt. Hochschule für Verwaltungswissenschaften, Reihe Speyerer Arbeitshefte Nr. 164, Speyer. 2004.

7. Speyerer Gesundheitstage, 14./15. April 2005, „Prävention im Gesundheitswesen. Leitvorstellungen und Eckpunkte für ein Präventionsgesetz des Bundes"; Rainer Pitschas (Hrsg.), Prävention im Gesundheitswesen. Leitvorstellungen und Eckpunkte für ein Präventionsgesetz des Bundes. Dt. Hochschule für Verwaltungswissenschaften, Reihe Speyerer Arbeitshefte Nr. 174. Speyer 2005.

8. Rainer Pitschas (Hrsg.), Finanzreform in der Gesetzlichen Krankenversicherung und Zukunft des Risiko-Strukturausgleichs, Referate der 8. Speyerer Gesundheitstage am 6./7. April 2006, Speyerer Schriften zu Gesundheitspolitik und Gesundheitsrecht, Band 1, Frankfurt am Main. 2006.

9. Rainer Pitschas (Hrsg.), Gesetzliche Krankenversicherung und Wettbewerb. Auf dem Weg zu einer wirklichen Gesundheitsreform, Referate der 9. Speyerer Gesundheitstage am 22./23. März 2007, Speyerer Schriften zu Gesundheitspolitik und Gesundheitsrecht, Band 2, Frankfurt am Main. 2008.

10. Rainer Pitschas (Hrsg.), Die Gesundheitsreform 2007 als Herausforderung an Beruf und Status der Vertragszahnärzte, Referate des Speyerer Zahnärztesymposiums am 29. bis 31. Oktober 2007, Speyerer Schriften zu Gesundheitspolitik und Gesundheitsrecht, Band 3, Frankfurt am Main. 2009.

11. Rainer Pitschas (Hrsg.), Regulierung des Gesundheitssektors durch Telematikinfrastruktur – die elektronische Gesundheitskarte, Referate des 2. Deutschen Zahnärztesymposiums am 18./19. November 2008, Speyerer Schriften zu Gesundheitspolitik und Gesundheitsrecht, Band 4, Frankfurt am Main. 2009.

12. Rainer Pitschas, Vertragswettbewerb in der ambulanten Gesundheitsversorgung – Zu den tatsächlichen und rechtlichen Grenzen hausarztzentrierter Versorgung durch Selektivverträge gem. § 73b Abs. 4 und 4a SGB V, Band 5, Frankfurt am Main. 2010.

13. Rainer Pitschas, Kassenwettbewerb und Insolvenz – Insolvenzvermeidung in der gesetzlichen Krankenversicherung und Weiterentwicklung ihrer Organisationsstrukturen, Band 7, Frankfurt am Main. 2010.

14. Peter M. Huber/Sebastian Unger, Die Weiterentwicklung des Risikostrukturausgleichs in der Gesetzlichen Krankenversicherung durch das GKV-WSG, Band 6, Frankfurt am Main. 2011.

15. Versorgungsstrukturen im Umbruch – Die Gesundheitsversorgung zwischen Länderinteressen und finanziellen Zwängen, Band 8, Frankfurt am Main. 2011.

Speyerer Schriften zu Gesundheitspolitik und Gesundheitsrecht

Herausgegeben von Rainer Pitschas

Band 1 Rainer Pitschas (Hrsg.): Finanzreform in der gesetzlichen Krankenversicherung und Zukunft des Risiko-Strukturausgleichs. 2007.

Band 2 Rainer Pitschas (Hrsg.): Gesetzliche Krankenversicherung und Wettbewerb. Auf dem Weg zu einer wirklichen Gesundheitsreform. 2008.

Band 3 Rainer Pitschas (Hrsg.): Die Gesundheitsreform 2007 als Herausforderung an Beruf und Status der Vertragszahnärzte. 2009.

Band 4 Rainer Pitschas (Hrsg.): Regulierung des Gesundheitsrechts durch Telematikinfrastruktur – die elektronische Gesundheitskarte. 2009.

Band 5 Rainer Pitschas: Vertragswettbewerb in der ambulanten Gesundheitsversorgung. Zu den tatsächlichen und rechtlichen Grenzen hausarztzentrierter Versorgung durch Selektivverträge gemäß § 73 b Abs. 4 und 4 a SGB V. 2010.

Band 6 Peter M. Huber / Sebastian Unger: Die Weiterentwicklung des Risikostrukturausgleichs in der Gesetzlichen Krankenversicherung durch das GKV-WSG. Verfassungs-, verwaltungs- und sozialrechtliche Anforderungen. 2010.

Band 7 Rainer Pitschas (Hrsg.): Kassenwettbewerb und Insolvenz. Insolvenzvermeidung in der gesetzlichen Krankenversicherung und Weiterentwicklung ihrer Organisationsstrukturen. 2010.

Band 8 Rainer Pitschas (Hrsg.): Versorgungsstrukturen im Umbruch. Die Gesundheitsversorgung zwischen Länderinteressen und finanziellen Zwängen. 2012.

www.peterlang.de

Rainer Pitschas

Vertragswettbewerb in der ambulanten Gesundheitsversorgung

Zu den tatsächlichen und rechtlichen Grenzen hausarztzentrierter Versorgung durch Selektivverträge gemäß § 73 b Abs. 4 und 4 a SGB V

Frankfurt am Main, Berlin, Bern, Bruxelles, New York, Oxford, Wien, 2010.
92 S.
Speyerer Schriften zu Gesundheitspolitik und Gesundheitsrecht.
Herausgegeben von Rainer Pitschas. Bd. 5
ISBN 978-3-631-60835-7 · br. € 24,80*

Der Einbau sozialpolitisch flankierter Wettbewerbselemente in die gesetzliche Krankenversicherung vermag stimulierende Impulse für Effizienz und Qualität der medizinischen Versorgung freizusetzen. Problematisch ist allerdings, dass der Gesetzgeber die zukünftige Entwicklung neuer Versorgungsstrukturen ausschließlich in einem dezentralen, auf die besondere hausarztzentrierte Versorgung als Eingangspforte und „Lotse" bezogenen Selektivvertragssystem organisiert. Für das dadurch verursachte Spannungsfeld von Kollektiv- und Selektivverträgen fehlt es an gesetzlichen Maßgaben einer patientengerechten Auflösung. Dieser Band plädiert für die Kombination beider Vertragssysteme unter den Vorgaben des Gemeinschaftsrechts und des deutschen Gesundheitsverfassungs- und Gesundheitswettbewerbsrechts.

Aus dem Inhalt: Zur aktuellen Diskussion um die hausarztzentrierte Versorgung · Auswirkungen der Strukturparallelität von Selektiv- und Kollektivverträgen gemäß § 73 b SGB V · Verfassungs- und gemeinschaftsrechtliche Maßgaben gesetzgeberischer Entwicklung hausarztzentrierter Versorgung · Vertragswettbewerb in der hausarztzentrierten Versorgung und Gemeinschaftsrecht

Frankfurt am Main · Berlin · Bern · Bruxelles · New York · Oxford · Wien
Auslieferung: Verlag Peter Lang AG
Moosstr. 1, CH-2542 Pieterlen
Telefax 00 41 (0) 32 / 376 17 27

*inklusive der in Deutschland gültigen Mehrwertsteuer
Preisänderungen vorbehalten

Seit 40 Jahren Ihr Partner für die Wissenschaft
Homepage http://www.peterlang.de